Ein Lied von David für Festbesucher,
die nach Jerusalem hinaufziehen.
Wie sehr habe ich mich gefreut, als man zu mir sagte:
»Komm mit, wir gehen zum Haus des HERRN!«
Nun sind wir endlich am Ziel!
Wir haben Jerusalems Tore durchschritten.
Jerusalem, du herrliche Stadt, wie unbezwingbar bist du gebaut!
Zu dir ziehen alle Stämme des HERRN hinauf –
ganz Israel will ihn dort preisen, so wie er es befahl.
Jerusalem, in dir regiert Davids Königshaus,
in dir spricht der König das Recht.
Betet für den Frieden Jerusalems!
Wer dich liebt, dem soll es gut ergehen!
Hinter deinen festen Mauern soll Frieden herrschen,
und in deinen Palästen soll man sicher wohnen!
Weil mir meine Verwandten und Freunde am Herzen liegen,
wünsche ich dir, Jerusalem, Frieden und Glück.
Weil in dir das Haus des HERRN, unseres Gottes, steht,
setze ich mich für dein Wohlergehen ein.
(Psalm 122 Hoffnung für Alle)

Halleluja – lobt den HERRN!
Es ist gut, unserem Gott Loblieder zu singen;
ja, es macht Freude, ihn mit unserer Musik zu preisen.
Der HERR baut Jerusalem wieder auf und bringt die Israeliten zurück,
die man aus ihrem Land verschleppt hat.
Er heilt die Menschen, die innerlich zerbrochen sind, und verbindet ihre Wunden.
Er hat die Zahl der Sterne festgelegt und gab jedem einzelnen einen Namen.
Wie groß ist unser HERR und wie gewaltig seine Macht!
Unermesslich ist seine Weisheit.
Der HERR richtet die Erniedrigten auf und tritt alle Gottlosen in den Staub.
Singt dem HERRN Danklieder! Spielt für unseren Gott auf der Harfe!
(Psalm 147, 1-7 Hoffnung für Alle)

1. Auflage Juli 2020

Dieses Buch gibt es auch als PDF.
E-Mail: andreas.heller.de@gmail.com

Auf der Reise nach Jerusalem

Eine Abrechnung mit Babylon

von

Andreas Heller

Inhaltsverzeichnis

Vorwort

Warum beginnt man Gedichte zu schreiben oder überhaupt etwas zu Papier zu bringen? Bei mir war es aus einer inneren Not heraus. Gerade wenn man leidet, öffnet sich bei den meisten Menschen eine kreative Ader, so auch bei mir. Woran habe ich denn gelitten? Ich bin mit den gesellschaftlichen Umständen und mit meiner Rolle in der Warengesellschaft nicht mehr zu Rande gekommen. Der Warengesellschaft? Ja, es ist unsere Art in der Moderne zu leben, dass wir uns über Waren und damit über Lohnarbeit und Geldeinkommen gesellschaftlich vermitteln. Diesen Gedanken, diese Beschreibung des Zustandes, der mittlerweile auf der ganzen Welt vorherrscht, habe ich der Lektüre eines Buches des Gesellschaftskritikers Robert Kurz (1943-2012) zu verdanken. Er erweiterte meinen Horizont ungemein, bis zu einem gewissen Punkt, worin wohl auch er mir nicht folgen könnte. Aber seine Gedanken und Schlagworte leben in meinen Texten weiter. Das Thema, das uns beschäftigte, war, dass der Arbeitsgesellschaft, die Arbeit ausgeht (wohlgemerkt der profitabel angewendeten), und dies zwangsläufig in eine schon von Marx frühzeitig prognostizierten Krise führen muss und damit zum Untergang der so verfassten Bürgerlichkeit. Dass Arbeitsplätze rar werden würden, Platz für Platz aus dem Wirtschaftskreislauf entfernt werden würden, erinnerte mich an das Spiel „Reise nach Jerusalem“, so der Untertitel meines 4. Gedichtes „Feierabend ohne Morgen“. In Krisenzeiten, dann wenn die Musik aufhört zu spielen, wird der Mangel an Lohnarbeit offenkundig. Deshalb soll die Kapelle immer weitermusizieren, auch wenn die „Titanic“ schon im Sinken begriffen ist.

Aber der Titel „Reise nach Jerusalem“ hat für mich in den letzten Jahren auch noch eine weitere Bedeutung erlangt. Nicht nur die Gesellschaft befindet sich auf der Reise, es ist meine eigene Wegstrecke, die vor mir liegt. Und dabei ist die Gesellschaftskritik und alles Philosophieren nur ein Etappenziel, das passiert und auch zurückgelassen wird. Jerusalem ist die ewige Stadt unseres himmlischen Vaters und der Weg da hinein führt nur durch seinen Sohn Jesus (hebräisch Yeshua, „Gott rettet“). Das Leiden an den Zuständen in dieser Zeit führte mich also letztendlich zum Glauben an meinen Erlöser. Im Wort Gottes, in der Bibel, werden uns nach vielen Drangsalen, Krisen und Gerichten paradiesische Zustände auf der Erde prophezeit, eine Zeit, in der Gott alle unsere Tränen abwischen wird und in der es kein Leid und Schmerz mehr geben wird.

Es ist der einzige Ausweg für die Menschheit, denn der Mensch hat über den Menschen bisher nur zu seinem Schaden geherrscht. Auch wenn diesen Weg nicht alle gehen, ja der größte Teil der Menschen den Weg in das Verderben einschlägt, bleibt der Weg doch noch offen, der mit Glauben, Hoffnung und Liebe gesäumt ist. Und so wünschen sich alle Gläubigen an den Schöpfer von Himmel und Erde, „nächstes Jahr in Jerusalem“ zu sein.

Meinen Gedichtband widme ich allen Erniedrigten und Beleidigten des Krisenkapitalismus. Es wird an der Zeit, dass jeder Insasse diesem gemeingefährlichen System den Prozess macht. In der Bibel wird das weltumspannende System „Babylon" genannt, die Mutter der Huren. Deren Götzen von Arbeit und Konsum, Freiheit und Demokratie, Politik, Staat und Menschenrechten müssen fallen. Nur so kann der Gefangene sich von seinen Ketten befreien. Möge dich, lieber Leser, der Geist Gottes leiten, um mit dem Alten und Toten abzurechnen. Es ist „höchste Eisenbahn". Also bitte einsteigen, der Zug fährt ab.

I. Selbstmatt in 96 Zügen

Die ersten 96 Gedichte entstanden in dem Zeitraum von Juli 2004 bis Dezember 2005. Ich hatte im Jahr 2003 gerade das „Schwarzbuch Kapitalismus“ von Robert Kurz verschlungen und versuchte nun mit diesen neuen Gedanken, mein Leben als Softwareentwickler in der Arbeitswelt zu meistern. Das führte während der Arbeitszeit zwangsläufig zu Grübeleien, subversiven Ideen, Lektüre auf meinen häufigen Toilettengängen. Das Gedicht Nr. 30 zeigt einen solchen produktiven Tag, meinen „Arbeitsnachweis“ für diesen Tag. In meiner „Freizeit“, also der Sphäre außerhalb der „Beschäftigung“ – man erkennt doch an diesen beiden Unwörtern sofort den Status des Gefangenen – las ich deutsche Philosophen wie Nietzsche und Stirner, deutsche Dichter wie Brecht und Enzensberger und was an Belletristik im Schwarzbuch angesprochen wurde. Alle Gedichttitel habe ich in Nr. 96, einer Art „Metakommunikation“ zusammengefasst. Dessen Untertitel „Selbstmatt in 96 Zügen“ habe ich aus dem Problemschach entnommen. Als Kind und Jugendlicher spielte ich Schach im Verein und versuchte mich auch an eigenen Schachkompositionen. Weiß zwingt Schwarz dazu, ihn Matt zu setzen. Nur sind die 96 Züge, die dafür verwendet werden, meine Gedichte. Nachdem einem sein Status als Gefangener in der bürgerlichen Gesellschaft, also im Lager, bewusst geworden ist, muss dieser Zustand zu einem Ende geführt werden. Erst dann kommt man frei. Aus der heutigen Rückschau, kann ich nur Gott die Ehre geben, denn in der Bibel steht, dass es Jesus ist, der Gefangene befreien will, Gefangene der Sünde und Gefangene des Systems. Wer Jesus als seinen Erlöser annimmt, muss allem entsagen, was er hat. Wenn ich in meinen frühen Gedichten von Gott spreche, meine ich allerdings noch nicht unseren Schöpfer und Vater, sondern den Systemgötzen, müsste ich heute genauer sagen. Man kennt ja die Lobeshymnen auf die Aufklärung und die tradierten Werte, auf der die Gesellschaft aufgebaut ist bzw. sein soll. Aber man kann eben nicht Diener zweier Herren sein, dem Mammon und Gott. Deshalb muss man erstmal dem Geld, dem Besitz, dem weltlichen Reichtum ans Messer liefern. Wer sich so freigemacht hat, dem wird sich der wahre Gott offenbaren und ihn dann restlos und wirklich frei machen. Ich bin ein Zeugnis für diesen Prozess.
Meine Gedichte habe ich auf „KeinVerlag“, einer kostenlosen Internetplattform veröffentlicht. Mit dem ersten Gedicht stelle ich mich vor als „Ein neues Ges-icht“. Viel Spaß auf der Reise nach Jerusalem.

1. Ein neues Ges-ich-t

Ein neues Gesicht
will dich
für sich.
Du bist ein blindes Wesen.

Ein neues Gedicht
schied sich
für dich.
So kannst Du mich nun lesen.

2. Lied gegen die Arbeit

I
Der Arbeiter wird in die Fabrik verladen,
Dass er fleißig und selbstlos ficht.
Warum und für wen wird er nie erraten
Für ihn selber ist es nicht.
Dreck unsere Arbeit! So seht's doch endlich ein!
Wir lassen die Maschinen los
Und flüchten uns in Nichtarbeit
Das wird die richtige sein.

2
Der Arbeiter muss sacht sich verausgaben
Die Manager folgen geschwind.
Und wenn die Bosse gegessen haben
Kann sein, dass er auch noch etwas find't.
Dreck unsere Arbeit! So seht's doch endlich ein!
Wir lassen die Maschinen los
Und laben uns in Nichtarbeit
Das wird die richtige sein.

3
Der Arbeiter erbaut die Höllenmaschinen
Die nicht erbaulich sind
Damit sie um die Freiheit bringen mit ihnen
Mancher Arbeitermutter Kind.
Dreck unsere Arbeit! So seht's doch endlich ein!
Wir lassen die Maschinen los
Und erschöpfen uns in Nichtarbeit
Das wird die richtige sein.

4
Der Arbeiter erträgt die Gewinnlage
Der Arbeiter erträgt den Verlust.
Doch plagt er sich bis zum Jüngsten Tage
Mit unnützem Werk kaum bewusst.
Dreck unsere Arbeit! So seht's doch endlich ein!
Wir lassen die Maschinen los
Und sonnen uns in Nichtarbeit
Das wird die richtige sein.

5
Der Arbeiter ruht tief bewusst
In der großen Klassenschlacht
Und er schwitzt und erträgt bis zum Verlust
Der ihn endlich zum Freien macht.
Dreck unsere Arbeit! So seht's doch endlich ein!
Wir lassen die Maschinen los
Und stürzen uns in Nichtarbeit
Das wird die richtige sein.

Anmerkung:
Gewidmet Darwin Dante (http://www.5-stunden-woche.de/)
Vorlage ist Brechts „Lied gegen den Krieg"

3. Sätze ohne S und O

(Ein Prädikat für sich)

Kennst Du auch diese Parolen
kaufen, kaufen, kaufen
Die kommen wie aus fremdem Mund

Wird Dir auch oft 'was befohlen
arbeiten, arbeiten, arbeiten
Fehlt das Subjekt nicht ohne Grund

Leidet das Prädikat durch Wiederholen
lernen, lernen und nochmals lernen
Getrennt durch Komma oder »und«

Und bleibt Dir das Objekt gestohlen
wählen, ab-wählen, wieder-wählen
So macht sich nur ein Dogma kund

4. Feierabend ohne Morgen

(oder: Auf der Reise nach Jerusalem)

Es war einmal vor langer Zeit
Da waren Stühle vollbesetzt
Und wenn einer mal von Last befreit
Kam schon die Nächste angehetzt

So hatte Arbeit ihren Platz
Und Plätze viel zu schaffen
In der Hand hielt sie einen Spatz
Die Tauben ließ sie gaffen

Doch Rost entsteht mit der Rast
Es nagt der Zahn der Zeit
Die Arbeit sägt an ihrem Ast
Dann war es bald soweit:

Der Arbeit wurden Plätze rar
Sie musste sich erheben
Und stehend wurde ihr gewahr
Der Abschied vom eignen Leben

5. Vom Menschenschicksal als Massengrab

Lebenslinien von der Stange
Gibts mit Garantien lebenslange
Und das ist die Qual der Wahlen
Jeder muss den Preis bezahlen

Erst am Ende von den Leben
Werden sie zurückgegeben
Um nun wieder aufgehangen
An die nächsten zu gelangen

Doch das ist der Lauf der Welt
Läuft im Kreis, wie's ihr gefällt
Erblickt vielleicht, wenn auch spät
In-di-vi-du-a-li-tät

6. Oh du fröhliche

Oh du fröhliche, oh du selige
Gewinnbringende Arbeitszeit!
Muße ging verloren,
Arbeit ist geboren:
Freue, freue dich, oh Lohnarbeit!

Oh du fröhliche, oh du selige
Gewinnbringende Arbeitszeit!
Arbeit ist erschienen,
Um zu verdienen:
Freue, freue dich, oh Lohnarbeit!

Oh du fröhliche, oh du selige
Gewinnbringende Arbeitszeit!
Söldnerische Heere
Jauchzen dir Ehre:
Freue, freue dich, oh Lohnarbeit!

7. Rück?fälligkeit!

Sind wir deshalb auferstanden,
um zu stehen - wie ein Tor?

Sind wir deshalb neugeboren,
um zu leben - wie zuvor?

Werden wir alles wiederfinden,
was das Land einst verlor
auf eine Sache eingeschworen,
und das Volk ganz im Chor
mit einem Lied auf den Lippen,
dessen Stimme bald gefror?

"Nie wieder Krieg!"

Den Ruf hab' ich noch im Ohr.

8. Die neue Kraft

(Ein subversiver Diskurs)

Einleitung:
Der Staat versteht die Welt nicht mehr,
Der Arbeit fällt es zunehmend schwer -
Und solang wird umsonst gestritt'
Bis der Mensch die Bühne betritt.

(Der Staat fragt, die Arbeit antwortet.)

Staat: Wo liegt eigentlich das Problem?
Arbeit: Der Fehler liegt in dem System.

Staat: Was wird wohl mit uns gescheh'n?
Arbeit: Du wirst einsam untergeh'n.

Staat: Warum lohne ich nicht mehr?
Arbeit: Ich gebe Dich nicht mehr ganz her.

Staat: Wann verliere ich die Macht?
Arbeit: Wenn in mir neue Kraft erwacht.

Staat: Wie lautet bisher unser Diktat?
Arbeit: Lohnarbeit schafft Arbeitsstaat.

Staat: Wer hat uns dazu geraten?
Arbeit: Von uns berufene Demokraten.

Staat: Mit wem ist dann kein Staat zu machen?
Arbeit: Ohne mich, Du wirst lachen.

Staat: Und ohne mich ergeht's Dir schlecht!
Arbeit: Ich komm' auch ohne Dich zurecht.

(Der Mensch betritt die Bühne.)

Mensch: Guten Tag, ich bin die neue Kraft.
Arbeit: Huch, eben war ich noch erschlafft.
Staat: Und mich hast Du g'rad abgeschafft.

(Der Staat dankt ab.)

Mensch: Ich hoffe, Dir geht's wieder besser.
Arbeit: Na und ob, ohne den Fresser.

Mensch: Wer hat denn hier und jetzt das Sagen?!
Arbeit: Natürlich Du, gibts da noch Fragen.

Mensch: Lass mich nach meiner Art nun tun.
Arbeit: Deshalb lass mich nicht ganz ruhn.
Mensch: Keine Angst, Du gehörst zu mir.
Arbeit: Hab' ich nicht, ich komm' zu Dir.

(Arbeit und Mensch vereinigen sich.)

Mensch: So, jetzt bin ich komplett und echt.
Mensch: Bin mein eigner Herr und Knecht.

9. Vor dem Knall

Wo rohe Kräfte sinnlos walten,
über Verhältnisse leben
und sich grotesk verhalten
kann man auch durch Gürtel engen
nur noch das Verhältnis sprengen.

Anmerkung:
Historischer Materialismus laut Marx

10. Anachronistische Lagerankunft

(Dieser Zug endet hier!)

Arbeit's Los und Spaß dabei
Durch Schicksal von der Arbeit frei.
Die außer Dienst gestellt, befreiten
Dienen mehr als Minderheiten.

Hängen dröge in den Matten
Deren wir eine Menge hatten.
Müssen halbtot, aufgegeben
Ohne Aufgabe, erlöst leben.

Aber nehmt es nicht persönlich
Die Lage ist höchst ungewöhnlich.
Die Ketten werden nun so gelegt
Dass der Gefangene sich bewegt.

"Alles" wird enorm gekürzt
Und mit nichts stark nachgewürzt.
Arbeit ist für "alle" da
Denn Zumutungen teilt man ja.

Vermittelt mit gebündelt Maß
Diffus gezielt auf volles Glas.
Der Wunsch ist Vater des Gedanken
Splitter Kinder seiner Schranken.

Ein reiches Land muss sich abmühen
Zu einem armen Staat erblühen.
Gesund geschrumpft, nicht Ernte Dank
Überdüngt, nach Wachstum krank.

Die überdachten Obdachlosen
Wohnen eh nicht von Almosen.
Ins Lager geht's nicht ohne Hetze
Bringt Aussätzige in Einsätze.

Und mit steigend Gas und Gäste
Fallend feiert man die Feste.
Überflüssige stehen unter Strom
Spaltet Schädel und Atom.

Sorgen lösen sich in Luft
Sind entsorgt im eigenen Duft.
Unschuld wäscht die Hand in Blut
Doch welch Ausgeburt ist die Brut?

Kapitale Sozialisten
Neosoziale Faschisten
Schieben wechselnd Lagerwache
Für die nationale Sache.

Und wieder droht Gefahr vom Boden
Verbreitet Gestank von vielen Toten.
Gestern war die Note arisch
Ist sie morgen solidarisch?

Und wenn's der Erde nicht gelingt
Dass IHR Reich die Brut verschlingt
Dann verteilt an alle Spaten
Um sie gemeinsam umzugraben.

Anmerkung:
Inspiriert von Brechts "Der anachronistische Zug oder Freiheit und Democracy"
Gewidmet den Erniedrigten und Beleidigten des Krisenkapitalismus

11. Kreuzfahrer im 21. Jahrhundert

(oder: Wie die wehrhafte Demokratie Schiffbruch erleidet)

Ein Riese läuft voll Fried' und Ruh'
Ihre Majestät, vollbeladen
Mit dem Kitsch vergangener Jahre
In den Hafen - "Queen Mary Two"

Vereinigung im Gegensatz
Kleine Luken, große Balkone
Unten so schwarz wie oben weiß
An Bord hat alles seinen Platz

Boote eilen schnell herbei
"Schiff ahoi!", ins Horn gestoßen
Barkassen ziehen ihren Kreis
Als ob es die Eskorte sei

Menschenmassen drängen, drücken
Musik spielend, Fahnen schwenkend
Demokratisches Triumphgeheul
Begeistert auf die Landungsbrücken

Angelegt im sicher'n Hafen
Geborgen, in der Festung Schutz
Dem Atlantik für heut' entkommen
Kann die Königin ruhig schlafen

•

Zur gleichen Zeit trotz strengem "Nein"
Furchteinflößend, schuldbeladen
Im Zwischendeck drei Dutzend Nigger
Fällt "Cap Anamur" zum Südtor ein

Bewaffnet mit Asylantrag
Referenzen hier, Vermögen da
Kapitulation unterschreibend
Für freien Landgang im Alltag

Die Lage ist uns nicht geheuer,
Welch' Rettungsweg, Hoheitsgebiet
Militär bittet zum Empfang
So eröffnen wir das Feuer

Eingelocht, in Haft gebracht
Abgeschoben, hinter Mauern
Dem Mittelmeer g'rad so entkommen
Warten die Bettler auf die Nacht

Ein Exempel wird schnell statuiert:
Fall verhandelt, Recht gesprochen
Das Boot ist voll, die Festung sicher
Bleibt im Gedächtnis eingraviert

12. Wenn...

...das Wörtchen »wenn« nicht wär'
Fiel's dem Programmierer schwer
Und ohne viel Worte zu verlieren
Müsst' er bedingungslos kapitulieren

13. World Arithmetics

Welt, Du warst ...

Im Kampf
um dich selbst
mit:ten
geteilt

Im Aufbau
der Ordnung
ste-tig
entzweit

Im Streit
der Systeme
zwei*
verneint

Im Krieg
gegen die Krise
wie+der
vereint

14. Totgestellt

Hier ruht ein Mensch, ungeliebt,
Nicht mehr gebraucht, darnieder.
Erst wenn es für ihn Arbeit gibt
Wird er geboren wieder.

15. Im Wendekreis des Trabis

Besser Arm In Ähren Als Bein Im Mähdrescher.

•

Kommt Zeit, kommt Rat.
Denn Zeit ist Geld.
Und guter Rat ist teuer.

•

Erfreuliche Bilanz:
40 Jahre Trabant - Und kein bisschen leiser.

•

Neues aus der Erfinderwerkstatt:
der Bonzenbrenner.

•

Handwerk hat goldenen Boden. Legt es ihnen.

•

"Dialog!". Erich auch.

•

Man sieht die Waldsiedlung vor lauter Bäumen nicht.

•

Es ist leicht Worte zu finden, die andere verloren haben.

•

Was die Geschichte schrieb, liest heute so und so keiner mehr.

•

Wir werden das Kind schon verschaukeln.

•

Alles Gute kommt vom Westen.
Es gibt viel zu hol'n.
Packen wir('s) ein.

•

Das Bewusstsein muss einem erstmal bewusst werden.

•

Der Analphabet schiebt es auch auf die Buchstabensuppe.

•

Ein Bein stellt das andere.

•

Ihm wurde eine gute Arbeitseinstellung bescheinigt.
Gestern hatte er gestreikt.

•

Philosophie der Spinne:
Ich webe, also spinn' ich.

•

Wer die Wahl hat, hat die Qual. Deshalb wählt die SED.

•

Wähle deinen Nächsten, damit du später die Privilegien hast.

•

Die Wahl ist erst dann geheim, wenn keiner weiß,
wann sie stattfindet bzw. stattfand.

•

Ohne Morden kein' Orden.

•

Wo eine Gosse ist, da ist die Partei.

•

Die Zeit der offenen Fragen und der geschlossenen Antworten ist vorbei.

•

E.H. - der Brandenburger Tor.

•

Lieber 'ne MohrRübe als 'nen KohlKopf.

Anmerkung:
Sprüche zur Zierde meines Hausaufgabenheftes im Jahr 1990

16. Über alles und sonst nichts

(Zyklen des Patriotismus)

Krise:
Schwarz, Dich haben wir gemalt
Doch die Rechnung nicht bezahlt
Von Reichtum und von Macht gequält
Waren wir von Dir beseelt

Krieg:
Rot, Dich haben wir gesehen
Die Sonne sollte untergehen
Blutig mit dem Herz verseucht
Hattest Du uns zugeleucht'

Aufschwung:
Gold, Dich haben wir gesponnen
Aber nichts dabei gewonnen
Doch wie trunken und berauscht
Haben wir Dich eingetauscht

Refrain:
Fahne, Du drehst Dich nach dem Wind
Verkündest, wie weit wir gekommen sind
Suchst einen Blinden, der Dich trägt
Und niemals nach den Farben frägt

Anmerkung:
Gewidmet den deutschen Fahnenträgern

17. Welch ein Leben?!

(Über die Reduktion der Reproduktion auf die Produktion)

1.

Eine Rechnung mit dem Wirt gemacht
Weil er als Gast darüber wacht
Was unterm Strich bleibt und darauf
Solche Rechnung, die geht auf:

Das **Atmen** macht die Lunge
zum **Reden** braucht´s ´ne Zunge
zum **Bauen** dass man bliebe
für **Essen** und die Liebe
und **Irren** das ist menschlich
und **Toben** selbstverständlich

Das **Leben** ist von alledem
Voll davon und angenehm
Drum lebe wohl und doch verweile
Ist mehr als die Summe seiner Teile

2.

Als Kunde aus der Gegenwart
Probt er Summen auf seine Art
Er rechnet hier mit Effizienz
So zeigt sich schnell die Differenz:

Das **Leben** an und für sich
ohn **-tmen** ist´s natürlich (sprich: te-men)
ohn **-eden** paradiesisch
ohn **-auen** ganz verdrießlich
ohn **-ssen** das versteht sich (sprich: es-esn)
ohn **-rren** - ups das geht nich´ - (sprich: er-ern)
ohn **-oben** fast schon redlich

Und **ARBEIT** erhält er dafür
Destilliert mit viel Gespür
Den Rest, der hier nun übrig bleibt
Hat er sich zum Glück einverleibt

3.
Dies´ Ergebnis macht die Runde
Und so spricht die Welt als Kunde:

Wieso Atmen?
Gibt doch Luft in Flaschen!
Mit wem Reden?
Ohne Handys in den Taschen!
Was denn Bauen?
Wird ja rückgebaut!
Schnelles Essen?
Hab´ ich schon verdaut!
Ich und Irren?
Ist beruflich nur bedingt!
Warum Toben?
Wenn ´s aus dem Fernseher dringt!
Welches Leben?

... eins mit ARBEIT eben.

18. HAB+seligkeit+EN

Von der Wiege bis zur Bahre
Ist der Mensch nur eine Ware
Die sich selbst verkaufen muss
Von morgens früh bis Ladenschluss

Und will sie nicht den Laden hüten
Um sich gütig zu vergüten
Preist sie jeden hohen Herrn
König Kunde hat sie gern

Auf das sich die Mühe lohne
Setzt sie schnell ihm auf die Krone
Vor dem Throne kniet sie nieder
Und singt dabei Arbeitslieder

Über die gute alte Zeit
Habgier und Gerechtigkeit
Selig die da garnichts haben
Armut adelt Küchenschaben

•

Weil alle Rädchen niemals stehn
Im Räderwerk sich stetig drehn
Und alles hat hier seinen Preis
Fabrizieren wir den größten Scheiß

Auf der Suche nach dem Krempel
Pilgert in Konsumententempel
"Gott gegeben", "Gott behüte"
Füllt sich dann die Einkaufstüte

Glückes Schmiede, Pech besudelt
Ein Hoch auf Arbeit abgenudelt
Demokraten, Konformisten
Sind nichts als Warenfetischisten

Da ist Hopf´ und Malz verloren
Mit ´nem "Gott erhalts" vergoren
Und ohne Augenwimperzucken
Als bitt´re Medizin zu schlucken

Doch jetzt kommt schnell das dicke Ende
Leere im Betriebsgelände
Leere gähnend in den Kassen
Leere Worte für die Massen

Und für Menschenwürdenträger
Arbeitsame Zeittotschläger
Für ritterlich geschlag´ne Zeiten
Die Krönung dann: Habseligkeiten

Anmerkung:
„Habseligkeiten" ist im Jahr 2004 zum „Schönsten deutschen Wort" gekürt worden.

19. Vorsicht Glas!

Belebte Landschaft wartet draußen
Nur Bewegte Bilder dringen ein
Der Warentod lauert hinter Glas
Und reichtumgläsern fällt sein Schein

So durchschaut doch den Gevatter
Der Welt von Herzen fiel ein Stein
Um aus dem Glashaus auszubrechen
Werft die bunten Scheiben ein

Kein Splitterregen trifft als Opfer
Verwundet und vernarbt die Welt
Es ist nur die Sicht auf Dinge
Die in tausend Scherben fällt

Hinterm großen Scherbenhaufen
Stehen wir, unseres Glückes Schmied
Beklagen nicht das alte Leiden
Singen ein neues, ein besseres Lied

20. Krieg ist Frieden!

We're all living in ...

Angst
Macht
Einen
Rechtsstaat
Im
Krieg
Aus

Anmerkung:
Kleines Akrostichon aus der Zeile von Rammstein

21. Autokannibalismus

Fresst!
Ihr Übersatten, aber vergesst dabei nicht
den Gürtel enger zu schnallen.
Der höchste Genuss liegt doch in der Fülle.
Ihr verdaut das Wenigste, aber schluckt alles herunter.
Und sei es Euer eigen Fleisch und Blut, was da hin*gericht*et wird.

Schafft!
Zum kalten Rhythmus und Takt der Maschine,
kommt er nicht Eurem Herzschlag gleich?
Die höchste Vernunft liegt doch im Mühlengang.
Kniet nieder, arbeitend wie zum Gebet.
Und zwängt auch Eure Schutzbefohlenen in Sonntagskleider.

Noch wenn Ihr den Rücken krümmt, kotze ich auf Euch hernieder.
Eimer-weise.

Anmerkung:
Inspiriert durch die Restaurant-Szene in Monty Python's „Der Sinn des Lebens"

22. Der Jahrhundertschritt

Von heute aus zurückgeschaut
- Die Schutzwälle sind abgebaut -
Fragt man sich etwas verwundert
Gab´s einen Fortschritt im Jahrhundert?

Bewegung gab´s doch oft wie nie
Durch Arbeiter und Industrie
Und erfüllte man mal nicht die Norm
Tauschte man nur die Uniform

Geschworen auf Manifest wie Bibel
Unser Geist war stets flexibel
Und willig war auch unser Fleisch
In Ritualen sah man´s gleich:

Rechter Arm - zum Gruß erhoben
Linker Arm - gleich mit nach oben
Linke Hand - zur Faust geballt
Rechte Hand - sucht nach Halt

Und wir verloren Halt und Tritt
Als man im Marschtempo schritt
Um "die Andern" einzu-kriegen
Mussten wir uns selbst besiegen

Öfters hieß es "Stillgestanden!"
Und als wir uns dann wiederfanden
Gezügelt, gebändigt, an der Leine
Machten wir uns bald wieder Beine

Nun tollwütig und von der Kette
Laufen wir schneller um die Wette
(Maulkorb-)frei, ohne Gewissen
Kämpfend, bissig und verbissen

Der bessren Zukunft auf der Spur
Richtungslos wie eine Uhr
Verfolgt uns die Frage bis ins Grab
Ob es einen Fortschritt gab

Anmerkung:
Inspiriert durch die Plastik "Der Jahrhundertschritt" von Wolfgang Mattheuer (1927 - 2004)

23. Von der Zukunft

Wohlan, meine Brüder, so lasst euch von der Zukunft erzählen.
Ich höre euch sofort einwenden: "Was willst du uns heute schon über das Morgen berichten?"
"Außer, dass es einen Morgen gibt, ist alles ungewiss" - so spricht das Volk.
Das aber ist die Botschaft der Fallensteller und Giftmischer. So habt acht, dass ihr nicht in deren Schlingen tretet oder deren Gebräu trinkt.

Das Morgen kommt nicht einfach über Nacht über euch, meine Brüder. Die Zukunft tritt nicht an euch heran und sagt: "Hier bin ich. So nehmt mich." Sie ist nicht die Auserwählte, auch wenn sie sich so kleiden mag. Sie ist nicht die liebe Sonne, auch wenn sie euch so scheint.
Um die Zukünftige, euer aller Zukünftige, müsst ihr kämpfen. Sie will umworben und errungen werden.
So hofft nicht auf einen Morgen; er wird nur einen weiteren Tag im Alten verkünden. Gestaltet das Morgen heute schon für einen ersten Tag im Neuen.

Aber gebt acht bei eurem Tagwerk:
Die Zukunft findet nur mit Menschen statt oder überhaupt nicht.
Nur euch, meine Brüder und Schwestern, steht eine Zeit bevor, wie ihr auch eine Zeit hinter euch lasst. Und eure Zeit ist Erdenzeit, solange ihr auf der Erde wandelt. Wenn es eure Art nicht mehr gibt, hört alle Zeit auf.
Die Erde wird sich auch ohne Menschen weiterdrehen, wer aber sollte ihre Bewegung bemerken, wenn nicht ihr, ihr Rastlosen?
Von wem wird sie Bewunderung für ihre Schönheit empfangen, wenn nicht von euch, ihr Erhabenen?
Wer wird ihr eine Zukunft geben, wenn ihr schon keine mehr habt, ihr Todmüden?

Keiner kann Leichname zum Leben erwecken.
Deshalb seht nicht zu, wie eure Gefährten freiwillig in den Tod gehen.
Seht nicht zu, wie eure Gefährten um das Leben betrogen werden.
Seht nicht zu, wie eure Gefährten im Alten eingesperrt bleiben, während das Neue doch so greifbar nah ist.

Zerbrecht die Fenster aus Panzerglas, sie sind nicht zu eurem Schutz!
Zerbrecht die Tafeln mit den Weisheiten alter Männer, sie sind nicht zu eurem Besten!
Nehmt euch, was euch zusteht - Zukunft!

Anmerkung:
Kleiner Versuch über Nietzsches „Zarathustra"

24. Ich will

Du musst:
Der Sozialismus
- vom Staat verhängt -
führt ins Verhängnis,
denn er drängt
alle Genossen
mit seinem Gang
in einen Zwangs-
zusammenhang.

Du sollst:
Das Christentum
- an Gott gewendet -
spricht im Gewand,
denn es sendet
die Botschaft,
die es dabei fand,
an Gläubige und
so wortgewandt.

Du wirst:
Für Ideologie,
für Religion
wird gestorben
und wurde schon,
wird die Erde
in Blut getaucht.

Bis der Mensch
den Menschen braucht.

25. Sprachherrschaft inBegriffen

Wer nach Worten greift,
die jeder streift,
weil sie wie Geigen am Himmel hängen,
ist, ehe er begreift,
ergriffen
von Aller Welt
und deren Allerweltsbegriffen.

Des Maßes sollte er deswegen
statt die Worte griffig schleifen
sie doch auf die Waage legen,
vielmehr sind sie anzugreifen.

Nicht die-Sprache-wieder-gewinnen,
sondern Denken-in-Worte-fassen
und Worte immer fallen lassen,
die andern durch die Finger rinnen.

Um zu begreifen, was ich Dir sage,
nimm mich beim Wort und auf die Waage.
Das Greifwerkzeug ist nicht *die* Hand,
nur Dein *eigener* Verstand.

26. Vater, Mutter, Kind, Tod

Vater trägt schon lange nicht mehr zum Unterhalt der Familie bei,
sitzt vor dem Fernsehapparat
und lässt sich lieber unterhalten,
vom Sozialstaatsfernsehen der BRD.
Die Programme werden aber gekürzt,
um ihn wieder unter Arbeit oder deren Fiktion zu halten.

Mutter steht arbeitslos in der Küche herum
zwischen all den Arbeitsgeräten und Arbeitsgelegenheiten,
die ein erfülltes Leben ausmachen -
Kein-Euro-Job, aber ein Liebesdienst.
Überlegt sich selbst auf den Markt zu werfen,
um ihre Mitmenschlichkeit feilzubieten.

Kind wurde schon wieder zu früh aus der
Verwahranstalt entlassen wegen Lehrerausfall,
tödlich oder schulbetriebswirtschaftlich bedingt.
Verwahrlost gerade mit Marilyn Manson vor einem Ego-Shooter
und erledigt ein paar "Beautiful People"
und andere Hausaufgaben.

Der Tod zieht unbemerkt weiter zum nächsten Haus.

27. götterdämmerung

selbstgetriebene automaten
in bewegung unentwegt
arbeitsmonster, seine paten
in die wiege uns gelegt
folgen den gesetzen heilig
der mechanik und physik
ergeben, berechnend, eilig
schicksalhaft unser geschick
vom zu-leben nun zu-taten
generiert mit de- davor
ein getriebe mit ´nem schaden
dem das blut zu öl gefror
unser treiben im betriebe
kontrolliert und angebaut
in-wert-gesetzt, damit er bliebe
ganz verträglich und vertraut
bis
dass uns dein tod jetzt scheidet
du gott auf erden, welch ein graus
unbesiegt und ausgebreitet
geht dir jetzt der treibstoff aus

28. Drei Minuten für ein Halleluja

12.00 Uhr

...einundzwanzig...
...zweiundzwanzig...
...dreiundzwanzig...

I
Mensch
Dein Gott kennt kein Erbarmen
Tuest Buße und spendest für die Armen
Glaubst Du?

II
Deine Welt
Selbst wenn sie innehält
Regiert doch weiterhin das Geld
So geh´ mit Gott!

III
Euer Werk
So setzt es fort, in Eurem Trott
Bei Gott
Amen.

Anmerkung:
I - Der Göttliche
II - Die heile Welt
III - Sein Heiligtum

Da die Selbstbewegung des Geldes, "Geld heckendes Geld" (Marx), Mittel und Zweck des kapitalistischen Treibens ist und der Zweck die Mittel heiligt, erscheint dem bürgerlichen Geldsubjekt das Geld als Allheilmittel.
Und siehe da, der Gott ist Geld geworden.
Halleluja.

Heute soll das öffentliche Leben in Deutschland um 12.00 Uhr zur Erinnerung an die Flutkatastrophe in Südostasien für drei Minuten ruhen.

29. Wer bist Du?

objektiv:
Sage mir, *an was* Du glaubst
Und ich sage Dir, *was* Du bist.

Ein Gläubiger,
Nur ein Gläubiger.

subjektiv:
Sage mir, *was* Du glaubst
Und ich sage Dir, *was* Du bist.

Ein Mensch,
Der sich noch nicht gefunden hat.

prädikativ:
Schweig still
...

Du,
Einzig, Du.

Anmerkung:
Inspiriert von Max Stirner

30. Arbeitsnachweis

Wieder sinnlos abgehangen
mitgegangen, mitgefangen
gute Miene aufgesetzt
und die Klinge still gewetzt
unnütz in den Screen gestiert
und der Chef hat nichts kapiert.

Irgendwann kommt meine Zeit
dann geh ich in zeigerlose Weit´
lass die Arbeit auch zurück
lebe dann in einem Stück
statt
gestrandet zwischen den Gezeiten
werd´ ich auf den Wellen reiten.

Dies hier ist des Tages Fleiß
erbringe ich als mein Nachweis.
Und unter Toten, die mir gleichen
geb´ ich Euch hiermit Lebenszeichen.

31. Aus Liebe zum Gesetz

Des Deutschen jüngste Liebe
Ist zu "antidiskriminieren"
Denn damit sie bliebe
Soll Unschuld sie verlieren.

So macht er nun Gesetze
Frei nach Schuld und Sühne
Und folgenreiche Sätze
Geh´n über Bord und Bühne:

§
"Wer einmal lügt im Angesicht
So dass die Wahrheit sich erbricht
Mit Liebe zu dem Wasser spricht:
'Alte Krüge rosten nicht'

Muss sich aufs Neue stets verlieben!"
§

"Warum?", fragst Du.
"Es steht geschrieben."

32. Hunger

Ein Strich in der Landschaft.
Ein Landstrich.
Mit Strichen durchkreuzt.
Eine Landstreicherei.

33. Arbeitswahn

Es geschah in der negativen Fabrik.
Jahrelang.
"Arbeit macht frei", versprachen sie.
So verteilten sie Arbeit statt Freiheit.

Es geschah in den volkseigenen Betrieben.
Jahrzehnte vergingen.
"Mein Arbeitsplatz - mein Kampfplatz für den Frieden", versprachen sie.
So richteten sie Arbeitsplätze ein, statt für Frieden zu kämpfen.

Es geschah im entgrenzten und entsicherten Kapitalismus.
Jahrhunderte sollten folgen.
"Sozial ist, was Arbeit schafft", versprachen sie.
So versuchten sie Arbeit zu schaffen, statt sozial zu sein.

Die Arbeitsgesellschaft betreibt Realpolitik statt Entmenschlichung.

34. A-nomie

Zu-
Sam-
Men-
Hang-
Los!

Wir müssen zusammen finden
Bevor wir noch erblinden ...

Zusammenhanglos.

Zu-
Sam-
Men-
Hang-
Los!
Die Hänge überwinden
Bevor uns die Kräfte schwinden ...

Zusammenhanglos.

Zu-
Sam-
Men-
Hang-
Los!

Zusammenhang neu erfinden
Bevor Mächte uns verbinden ...

Zusammenhanglos.

35. Hallo Nichts!

Intro:
Ich gestehe es:
Ich habe keine Hoffnung.
Die Blinden reden von einem Ausweg.
Ich sehe.

Wenn die Irrtümer verbraucht sind
Sitzt als letzter Gesellschafter
Uns das Nichts gegenüber.

•

Hallo Nichts
Sei mein Gast
Hast Du das Dasein auch verpasst?!
Hallo Nichts
Lass doch den Zug
Fährst nur durch Täler voller Trug.
Hallo Nichts
Die letzte Bahn
Steuerst Du doch in bloßem Wahn.

Du erfüllst unser Leben
Du bist es worum sich alles dreht
Für Dich würden wir alles geben
Auch wenn auf Dir "Nichts" draufsteht

Hallo Nichts
In Deiner Not
Rast Du noch geradewegs in den Tod.
Hallo Nichts
Komm nimm Platz
Und beende unsre wilde Hatz.
Hallo Nichts
Komm erzähl doch mal
Warst doch in Auschwitz auch schon da.

Du erfüllst unser Leben
Du bist es worum sich alles dreht
Für Dich würden wir alles geben
Auch wenn auf Dir "Nichts" draufsteht

Mit Dir lohnt es sich zu leben
Du fragst nicht, wer wir wirklich sind
Durch Dich wollen wir ewig streben
Wir sind Deines Schicksals Kind

Hallo Du, Nichts.
Von Nichts kommt nichts.

Anmerkung:
Intro von Brechts „Den Nachgeborenen“

36. Eure Saat

Was ihr erntet von Vater Staat
Stampft *ihr* aus Mutter Erde.
Und wenn ihr nicht ausbringt, Eure Saat
Ist dann der Vater der Verkehrte?

Was ihr erntet von Vater Staat
Stampft *nur ihr* aus Mutter Erde.
Und wenn sie nicht aufgeht, Eure Saat
Ist Schuld die Mutter, die Verehrte?

Was ihr erntet von Vater Staat
Stampft ihr aus Mutter Erde.
Wehret den Anfängen, damit *Eure Saat*
Euch nicht zum Verhängnis werde!

37. Im Schauspielhaus

(Spektakel als Betriebsversammlung)

Einlass nur mit Erkennungsmarke
Vorzeigbare Frauen an Tor und Garderobe
Willkommen im Club!

Männer und Frauen in Anzügen oder nicht
Jedem Fachidioten sein Wohlfühlkostüm
Kein Dress Code, man ist ja unter sich

Schnittchen, Würstchen, Brötchen
Kaffee und Pfannkuchen
Schlange stehen aus Tradition

Anekdoten von gestern
Visionen von morgen
Erprobtes geht cora publico über die Bühne

Multimediale Dimensionen
Rund ums eindimensionale Medium
Virtuelle Welten in Reinkultur

Arbeits- und Reiseberichte
Bangalore, Glasfassaden neben Pappkartons
Geschäfte - da, wo der Pfeffer wächst

"Jeder kann ein Führer sein"
Ungläubiges Getuschel, Wissende Blicke
Lünendonk-Liste mit Potential nach oben

Business-Logik ohne Geschäftsgrundlage
Opportunities von SWAT-Teams umstellt
Infiltration im Kundenauftrag

Ungewollte Bundeskanzlerzitate
Aber wo er recht hat, hat er recht
Zusammenhangloses im Kurzschlussverfahren

Herausforderungen für Blindgänger
Wie schafft man Probleme, wo keine sind
Lösung: Vertriebsblick schärfen

Charts und Präsentationen
Preisverleihungen mit Danksagungen
Verdiente Kollegen, Helden der Arbeit

Beifall, individuell gehandhabt
Und doch an den richtigen Stellen
Programmablauf per Mausklick

Gewerkschaft ohne Vertretung aber Alibi
Betriebsrat fürs Kleingedruckte
Arbeit und mehr Kohle für Alle
IT-Sprech, English first
After work parties, family incorporated
Wer arbeitet, soll auch essen

Zum Schluss "Theatersport", eingeübt als Kulturbeilage
Anspielungen mit dem Holzhammer, Wissende Blicke
Aus Ernst wird endgültig Spaß, ein gutes Gefühl bleibt zurück

Come together - ohne mich
Endlich draußen, kalte Winterluft
Ich kotze in den verharschten Schnee
Im Glaskasten vor mir ein Werbeplakat
In zwei Wochen wird "Leben des Galilei" gespielt
Zu Hause spüle ich mir den Mund mit Seife aus

Anmerkung:
Reflexion über eine Betriebsversammlung an einem Rosenmontag.

38. Menschendämmerung

Ist Liebe für euch auch nur Sex
Fehlt verbindlich ein Ion
Und viehisch ist dann der Reflex
Bringt´s nie zur Reflexion

Drum lasst euch´s Herz versiegeln
Seid immer auf der Hut
Nur Oberflächen spiegeln
Den Tod, er steht euch gut

So blökt im Chor: "Nie wieder!"
Wenn Schweigen besser wär´
Belämmert bis es dämmert
Und ihr dann schreit: "Nie mehr!"

39. Der Tod ist mein Beruf

Ruf an!
Geh ran!
Kauf mich!
Trau dich!
Komm her!
Nimm mehr!
Lauf los!

Pro-gramm-iert.
For-mat-iert.
Sel-ekt-iert.
Tra-nsport-iert.
Kon-serv-iert.
Liq-uid-iert.
Train-iert.

Wie viele Leben kannst Du Dir nehmen?
Mehr als Du Tode sterben kannst?

Anmerkung:
Inspiriert durch das gleichnamige Buch von Robert Merle

40. Surrogat

(Das demokratische Gleitmittel)

Du gingst mit ziemlich klaren Vorstellungen in den Laden.
Leider gab es nicht das, was Du wolltest.
Sie sagten Dir, dass sie so etwas nicht im Sortiment haben.
Dass sie sich auch nicht vorstellen könnten, dass es so etwas überhaupt gäbe.
Oder dass es bald zu kaufen wäre.
Aber sie hätten etwas Ähnliches.
Auch preiswerter.
Enttäuscht gingst Du wieder zur Tür hinaus.
Nun stehst Du da mit vollen Händen -
In der einen das Angebotene,
In der anderen das Rückgeld -
Und fragst Dich, wer Dich über den Tisch gezogen hat.

•

Nach mehreren Nachfragen auf dem Markt trüben sich Deine Vorstellungen langsam ein.
Immer öfter genügt das Hin- und Hergestellte Deinen Erwartungen.
Die Verkäuferinnen loben Deinen ausgesuchten Geschmack.
Du hast jetzt auch mehrere Kundenkarten.
Auch bei Deinen Freunden eckst Du weniger an.
Man kann mit Dir endlich über alles reden.
Du kleidest Dich mit Chic und Toleranz.
Und bist beliebt wie nie zuvor.
Der Erfolg gibt Dir schließlich Recht
p.m.

41. Quintessenz

Die Welt ist kein globales Dorf
Nur wegen einem Markt
Dieselbe Erde trägt uns nicht
Werden wir von ihr beharkt

Wir sitzen nicht in einem Boot
Nennt man uns auch Kollegen
Dasselbe Wasser treibt uns nicht
Macht uns nur nass wie Regen

Man bringt nicht unter Dach und Fach
Auf das man freilich hocke
Dieselbe Luft tränkt uns nicht
Als Dunst unter einer Glocke

Das Leben entzündet sich an sich
Nicht durch Geister aus der Flasche
Dasselbe Feuer wärmt uns nicht
Verbrennt nur noch zu Asche

42. Demokratischer Analphabetismus

Ich bin ein schlechter Demokrat
Ich kann mich nicht entscheiden
Weil ich so unentschieden bin
Muss ich die Wahlen meiden

Ich sage weder "A" noch "B"
Kann buchstäblich nichts setzen
Nur gleiches Recht für alle dann
Könnt´s Alphabet verletzen

Statt in ganzen Sätzen sprechen
Macht redefrei ein "X"
Und diesem Kreuze opfert man
Gott unterschreib´ ich nix

Ich bin ein schlechter Demokrat
Ach könnt´ mein Herz erweichen
Ich will gegen jede Herrschaft sein
Und nicht nur die zum Zeichen

Erklärungen sind umständlich
Warum weder "Ja" noch "Nein"
Fehlt bei Fragen der Zusammenhang
Könnt´ ich nur stimmen: "Jein"

Gegen Wählerei schrei´ ich An
So schreiB ich dies´ GediCht
Ich hoffe, Ihr seid auch wählerisch
Und legt *Euch* ins Gewicht

Ich bin ein schlechter Demokrat
Ich will kein bessrer werden
Ich hab´ auch mein ABC gelernt
Ohne Himmelreich auf Erden

43. Higher Communications

Wenn wieder mal das Handy klingelt
tuuut
Jemand mit Vorsatz wählen?
Signalisiert doch nur Gesprächsbereitschaft,
Hat garnichts zu erzählen.

44. Higher Communications (Folge 2)

Eigentlich wollt´ ich auf Sendung gehn
Doch im Hirn, da war nur Rauschen
Drum setz´ ich jetzt zum Sprechen an
Ihr könnt´ stillen Funken lauschen

45. Politician Superstar

(Die Autobiographie eines Hochgelobten)

Ja! Ich habe mich durchschaut
Ich schnitt mich durch die Quere
Und dabei hat es mir gegraut
Vor inhaltsloser Leere

Schnell verging mir Hör´n und Seh´n
Im Hintergrund ein Rauschen
Dabei wollt´ ich auf Sendung gehn
Statt Funkenstille lauschen

Ich sprach zu mir: "Volles Programm.
Das wäre noch zu füllen.
Und Menschen werden mein Bild dann
Mit einem Rahm´ umhüllen."

Gesagt, getan - ein Mann, ein Wort
Ein Genie, ganz ungeniert
Ich machte Politik zum Sport
Hab´ Juristerei studiert

So hielt ich mich für vollberufen
Für Partei- und Himmelsleiter
Erklomm die ersten Stufen
Und wenn ich fiel, dann weiter

Ich war die größte Pfeife
Zog alle die Register
Und orgelte mich zur Reife
So wurd´ ich bald Minister

Durch Volkes Herrlichkeit gewählt
Unser aller Himmelreich
Wo jede unsrer Stimme zählt
Mir sind sie alle gleich

Ich bin geschickt, ein Abgesandter
Bin Gottes Helfershelfer
Mittelsmann, ein Artverwandter
Mal Treter, mal nur Stellver-

Und weil ihr mich alle sehr bewegt
Brauch ich Euren Applaus
Wir ham uns jetzt ein Ei gelegt
Und ich brüt´s für Euch aus

46. K(l)eingarten e.V.

Ich hab ´nen Schrebergarten
Das Erbe von der Wende
Und seit dem tu ich warten
In diesem Sumpfgelände
Ich hab verstaubte Bücher
Vom Altar gefegt
Die nützen mir als Tücher
Wenn man schon trocken legt

Ich hab ´nen Schrebergarten
Im einträglich´ Verein
Der platzt aus allen Sparten
Ach könnt´ das wirklich sein
Oft kommen sie vom Vorstand
Woll´n nach dem Rechten seh´n
Und unter selben Vorwand
Woll´n sie wieder geh´n

Ich hab ´nen Schrebergarten
Mit Birnen ohne gleichen
Dem gelingen nur die Harten
Die andern tun entweichen
Manchmal steigen Leute
Einfach bei mir ein
Machen nur einmal Beute
Und geh´n dann wieder Heim

Ich hab ´nen Schrebergarten
Doch manchen ist das Leid
Die wollen ´ne Reform starten
Mit Trauschein und Treueid
Die wollten nicht mit streiten
Sondern einen heil´gen Bund
Darunter würd´ ich leiden
Warum? Das ist MEIN Grund

Das ist nicht Gottes Acker
Hier hat Gott nichts zu bestellen
Weder große Macker
Noch kleine Spießgesellen
Nichts für Rotgardisten
Die Jesus nie klagen hör´n
Er warnte uns vor Christen
Die auf die Bibel schwör´n
Hier wird nichts eingeredet
Gibt´s kein´ verstellten Blick
Nicht geopfert und gebetet
Entschicksaltes Geschick
Hier wird auch nichts geboten
Kein Powerseller-Handel
Das Totenreich den Toten
Für unsern Lebenswandel
Das ist kein Durchgangszimmer
Kurz vorm Paradies
Kein Kleingarten für immer
Den man e.infach V.erließ

47. Trojaner

Ich bin ein Ackergaul
Zieh´ Furchen, beiß´ ins Gras
Ich war noch niemals faul
Bis ich dann einmal fraß
Ich glücklich´ Eisenhuf
Steh´ auf schon in der Früh´
Da folg´ ich meinem Ruf
Mal hott! und auch mal hüh!

Ich bin ein stolz´ Schlachtross
Zieh´ in Krieg und Leine
Wie auch das Leben floss
Ich kämpfte um das Meine
Ich halte mich im Zaum
Und lege mich ins Zeug
Bin selten auf dem Baum
Weil ich mich lieber beug´

Ich bin ein brav´ Rennpferd
Auf das man Großes setzt
Das keinen Wunsch verwehrt
Und wirk´ ich auch gehetzt
Keine Ahnung was mich ritt
Ich hab´ kein Geld wie Heu
Und trab´ ich auch im Schritt
Trag´ ich Klappen voller Scheu

Ich bin ein treuer Klepper
Ein gebrechlich dürrer Alter
Ein freier Sattelschlepper
Und Ex-Steigbügelhalter
Und ist die Welt die Freiste
Ich versetze keine Berge
Was ich gewähr und leiste
Ist eine Pferdestärke

48. Opposition

Ich
stehe meinem Leben
ziemlich leblos gegenüber
Drum würd´
ich
etwas geben
Holt es
mich
zu sich herüber.
Auch
ich
will
meine Hände
strecken
doch es weicht aus
Es ist zum Verrecken.

49. Gedankenspaziergang

Blicke nach oben
Zum Gipfel
Auf der Höhe der Zeit
- *schneebedeckt* -

Greife zu
Deinen Zipfel
Die Decke scheint weit
- *und so weiß wie Schnee* -

Blicke nach unten
Vom Wipfel
Die Tiefe schreit

- *wie "vom Eise befreit"* -
Und mit Hoffnungsglück?
Oder wünscht sie den alten Winter zurück?

Egal.
Der kalte Krieger wird sich weiter erwärmen.
Doch.
Schmilzt mit dem Schild auch sein Herz?

50. Heimweg/h

Wohin willst Du denn laufen
Wenn der Wind die letzten Fußspuren im Sand ausgelöscht hat
Wirst Du jetzt den Kopf in den Sand stecken
Auf Spurensuche "untertage" gehen
Oder werden sich Deine Augen erheben und den Horizont fixieren?

Nur noch die alten Wegweiser stehen im Weg
Ihre Windmühlenarme verschwimmen zu einem Schild
Versperren die Sicht
Immer noch
Geben bekannt, dass der Wind pfeift
Nur gut, dass wir das jetzt amtlich haben
Don Quichotte hat die Seiten gewechselt.

Der Wind der Veränderung hat die ehernen Gewissheiten davongetragen
Und unsere Köpfe sind wie ausgeblasen
Nur noch vereinzelte Fetzen kleben an den Innenwänden
Das Gestern wird vom Damals aufgefressen
Immer mehr
Konserviertes wird liquidiert, nicht konsumiert
Niemals mehr.

Und so werden wir wieder zu Kindern,
die einfach nur noch nach Hause wollen.

51. Staat macht mobil

Wenn Arbeit schwindet, still und leis´
Wird endlich gut, was lange währt
Und der Mensch rotiert im Kreis
Kehrt und fährt und fährt verkehrt
Denn
Eine Regel ist keine Regel
Und so staut sich der Verkehr
Doch es gibt ´ne Vorfahrtsregel
Wie hier zu verfahren wär´
Mit
Arbeit schaffen um jeden Preis
Muss der (L|H)enker gegensteuern
Ist ´ne Bringschuld, wie jeder weiß
Um die Unschuld zu beteuern
Er-
leuchtet grüßt das Ampelmännchen
Hält die roten Arme auf
Steht nicht still im grünen Tännchen
So nimmt der Amok seinen Lauf
Und
Wieder atmen die Fabriken
Angesichts der Arbeit, Schwitzt!
Und aus rollenden Augen blicken
Mobilgemacht die Angst, die sitzt
Denn
Was gescheitert, kommt auf Haufen
Wie gefallen, so der Bruch
Durch diese Reden lernt man laufen
Verfolgt von einem Brandgeruch
Bürger,
Spiel´ nicht dieses Spiel!
Denn der Einsatz ist nicht ohne
Kämpfe für ein Weltenziel:
Eine verkehrsberuhigte Zone

52. Sternenschicksal

Prolet,
Dein Komet
Ist längst erloschen

Aber ohne Licht
Siehst Du das nicht

53. Schluckimpfung

(Orale Sozialisation)

Ihr habt mir Worte in den Mund gelegt,
verabreicht wie bittere Medizin.
Auf Zucker.

Der Geschmack Eurer süßen Worte
lag mir allzu lange in den Ohren.
Unverdaut.

Jetzt würge ich die Worte wieder hervor,
lege sie mir selbst auf die Zunge.
Und peitsche.

Eigentum beginnt mit einem Zungenschlag.

54. baumschulung nach art des hauses

wenn sich die reihen lichten
oder verdächtig sich verdichten
kann man unter eichen, buchen, fichten
den deutschen wald nun sichten

so hat man sich zu richten
zu plagen mit gewichten
auf wohlstand zu verzichten
dem wachstum beizupflichten

und so entstehen geschichten
um geschichte zu vernichten

55. Kinderreim fürs Altersheim

Links und Rechts
und Gott
sei Dank
haben wir ´nen
Kleiderschrank

Uniformen glattgebügelt
steh´n in Reihe gut gezügelt
hängen ab und zu und an
folgen jedem Träger dann
stramm in Kirche, ins Büro
und zum Shoppen, sowieso
dienen zu Verhüllungszwecken
und als Basis für paar Flecken
aber selbst das ist Routine
meistert spülend Waschmaschine
und im Auge dieses Schlundes
dreht sich oft ein Kessel Buntes
linksrum, rechtsrum, Schleudergang -
programmierter Abgesang
ist ihr leid und ist ihr lieb
Hauptsache: stets in Betrieb

Links und Rechts
und Gott
sei Dank
haben wir ´nen
Kleiderschrank

56. Kapern nach Art des Hauses

Grüne Korsaren
mit rotem Gebaren
bringen die Beute
unter die Leute.
Verkehrt nach den Waren
im Wasser gefahren,
gehalst und gewendet,
gesonnt und geblendet.

Rote Korsaren
mit grünem Gebaren
bringen die Leute
um ihre Beute.
Staatlich geduldet,
schuldhaft verschuldet,
wetzen sie Messer
gegen unnütze Esser.

Das Schiff wird versenkt,
der Grund war geschenkt.
Das Schlusswort vom Staat:
"Bleiben Sie Pirat!"

57. tittytainment

am busen von mutter natur sitzen
um zu saugen an den zitzen
der eierlegenden wollmilchsau

wie durch eine unsichtbare hand
wird der kopf unter(ge)halten

58. shit happens, mr. sin(n)

(Institutionelle Inkontinenz)

Du bist der Wirtschaft Richtungsweiser
Deutschland bekannt als Hosenscheißer
Steckt doch die Lösung für harte Zeiten
Tief in deinen Eingeweiden

Du drückst nach unten große Zahlen
Erleidest monatliche Qualen
Dabei könnt´s doch so einfach sein
Setzt nur die Peristaltik ein

Für mich holst du das Letzte raus
Dein Inn´res schüttest du mir aus
Gibst Brief und Siegel, wie es steht
Falls irgendwann die Post abgeht

So sammeln sich jetzt deine Säfte
Erspürst ein Klima für Geschäfte
Und lässt du dann die Hosen runter
Wird meine Welt gleich wieder bunter

Jedoch, o weh!, auch die Prognose
Ging schon wieder in die Hose
Es kommt oft anders als man denkt
Ist man leibhaftig abgelenkt

Und die Moral dieser Geschichte:
"shit happens" zieht sich durch Berichte
Selbst wenn Papier geduldig wär´
Dreilagig - dringend! - nutzt es mehr
Und bei diesem ganzen Schwindel
Tragt nur alle eine Windel
Sonst habt ihr bald die Hosen voll
Und euer Haben liegt im Soll

Anmerkung:
Gewidmet ifo-Chef Sinn & Konsorten und allen orakelnden Wirtschaftsweisen

59. Deutschdeutsche Kalenderblätter 2005/1-6

Thema: "Schlepper, Schleuser, Schlupflochschließer"

1
Müntefering, Westerwelle
Regenbogen-, Bachforelle
Tummeln sich in einem Teich
Wirtschaft macht sie alle gleich

2
Große Haie, kleine Fische
Serviert nach Größe deutscher Tische
Gegrüßt sei stets der fremde Gast
Der zu unsern Möbeln passt

3
Was uns in die Netze geht
Ist wie es im Gesetze steht
Was man unrechtmäßig fand
Ziehen wir uns jetzt an Land

4
Fischers Fritze fischt im Trüben
Das Aufklären muss er noch üben
Fern bedient, Programm nach Wahl
Rudert er über den Kanal

5
Der Überfluss hängt an der Angel
Der Köder kennt hier keinen Mangel
Nur die Sardinen, die hier schwärmen
Können sich fürs Öl erwärmen

6
Frech wie Oskar, dumm wie Brot
Sitzen wir in unserm Boot
Werfen Ballast über Bord
Und im Schlepp schleppt sich der Mord

60. FORD, der Du in uns gefahren bist

Du,
T

FORD,
T

der Du unsere Herzen
als Otto-Normalverbraucher
hast höher schlagen lassen,
T

der Du die Massen wie kein anderer mobilisiert
und zur Demonstration der Stärke
auf die Straße geführt hast
T

in guten wie in schlechten Zeiten,
T

am laufenden Band wird uns gewahr,
daß der Mensch ewiglich an seinen natürlichen fahrbaren Untersatz gebunden bleiben wird
T

bis ihn die eigene Vor-fahr(**T***)-Geschichte eingeholt*
und aus der freien Bahn geschleudert haben wird

Amen
✝

61. Eiapopeia vom Demokratenhimmel

Ein neues Lied, ein besseres Lied,
O Esel, woll´n wir Euch dichten!
Die Elite hat es aufgesetzt
Die zweite Wahl wird´s richten.

Wir wollen in Zukunft glücklich sein,
Dafür wollen wir heut´ schon derben;
Verschlemmen soll nicht der leibliche Bauch
Was Ungeborene erwerben.

Bald wächst allwieder Geld genug
Für alle Menschenkinder,
Auch Autos und Handys, Dummheit und Frust,
Und Zuckerbrote nicht minder.

Ja, Zuckerbrote für jedermann,
Sobald die Peitschen knallen!
Wenn erst die Hosen enger sind
Können auch die Gürtel fallen.

Und wächst uns Vernunft nach dem Tod,
So wollen wir uns heimsuchen
Hier, im Jetzt, und wir bewerfen uns
Mit sahnigsten Torten und Kuchen.

Ein neues Lied, ein besseres Lied,
Auch dieses werden wir vergeigen!
Die Misere ist noch nicht vorbei,
Die Sterbeglocken läuten.

Anmerkung:
Für "Die Wahlesel" (Heine) im (Winter)märchen-Wald

62. Freiheit im Gefangensein

Wenn Deutschland steht
und nichts mehr geht
kommt man vielleicht mal dahin
statt zu fragen nach dem Weg
nach dem Ziel, nach dem Sinn,
wenn Deutschland rollt
wie gewollt
und von wem und warum
diese auferlegten Zwänge
nicht beredt, sondern stumm.

Steckt die Freiheit in Bewegung
in den Knochen vor dem Sprung
bis sie ausbricht aus dem Käfig
neugeboren, ewig jung
bis sie wieder eingefangen
und als Kraft zurückgekehrt
einverleibt und eingegangen
bald schon unruhig in uns zehrt?
Keine Freiheit
steh´n-zu-bleiben,
keine Freiheit
Da-zu-Sein,
immer-weiter-vorwärts-treiben
Steine wälzend oder Stein
um am Hause mitzubauen
von der Sohle bis zum Dach
ein Gesetz in Stein gehauen
dass es über alles wach
um uns alle zu beglücken
Heute, gebaut Stein auf Stein
eingemauert aus freien Stücken -
Freiheit im Gefangensein.

63. Schlachtplan nach Art des Hauses

Nur die *dümmsten* Kälber wählen ihren Metzger selber.
Weshalb, Metzger, weshalb tanzt *du* ums gold´ne Kalb?
Nur die dümmsten Kälber wählen ihren Metzger selber.
Deshalb, Metzger, deshalb tanzt du ums *gold´ne* Kalb!

64. Die Balnibarbischen Projektemacher

A salute to Dr. Jonathan Swift

1

Kurz vorm Berge, In der Schwüle
Eines Tages steht graziös
Mahlt Getreide, eine Mühle
Und sie singt gar melodiös

Singt vergnügt wie beim Bade
Steht ganz nahe bei dem Fluss
Greift ins Wasser mit dem Rade
Und ist dankbar für den Guss

Mahlt zu Schrot, mahlt zu Mehle
Und ernähret ihre Leut´
Dass an Brot es niemals fehle
Wie´s des Müllers Herz erfreut

2

Doch einst kamen von den Straßen
Ein paar Städter über´n Berg
Und sie prüften und sie maßen
Und besahen sich das Werk

Denn sie waren höchst Gelehrte
Mit nichts anderem im Sinn
Als zu lehren, wie man mehrte
Wie man mahlte mit Gewinn

Dass der Müller mehr erziele
Wenn Mahlzeiten kürzer sind
Wenn das Wasser stärker fiele
Und getrieben wird vom Wind

Dass die Hälfte Wasser reiche
Was nun doppelt so viel bring´
Wenn er doch nur mal vergleiche
Und hin zum Tal des Berges ging

Um die Mühle dort zu bauen
An des Fußes steilen Hang
Und auch Rinnen, in Fels gehauen
Darin das Wasser hochgelang

Bis es vom Gipfel abwärts fließe
Anschwillt für ein rauschend Fest
Mit vollem Schwall ins Tal sich gieße
Und das Mühlrad tanzen lässt

3

Und der Müller, der es glaubte
Weil es doch vernünftig ist
Der natürlich niemals raubte
Aber die Natur doch überlist´

Sagten jedenfalls die Schlauen
Von der Staatsakademie
Und so ganz im Vertrauen
Auf Wissenschaft und auf Genie

Der gute Mann, der nun wollte
Dies´ Projekt und wie geplant
Auch ein wenig hungern sollte
Wie´s die Vernunft ihm angemahnt

Nahm sich hundert Mann und zahlte
Nicht mit Brote oder mit Bissen
Denn die Mühle, die einst mahlte
Wurde dafür abgerissen

Und nach dem Tale hin verlegt
Zwei Jahre lang, zwei Meilen weit
Das ganze Bauwerk wurd´ bewegt
Und da es nun vom Fluss entzweit

Wurd´ der Fluss zum Berg geführt
Bis gemäß geschulten Schlüssen
Endlich die Kuppe vom Nass berührt
Oder hätte werden müssen

4

Doch hier versagte die Natur
"Doch Schuld ist nur der Müllersmann"
Riefen die Gelehrten und spotteten nur
Und traten sogleich den Rückzug an

Entfernten sich von dem Projekte
Das die Not ans Licht gebracht
In das man so viel Leben steckte
Das Gott zum Trotze nicht erwacht

Und im Schatten, in der Kühle
Eines Berges stand nun leer
Ganz verfallen, eine Mühle
Und sie sang auch niemals mehr

65. Weltenbrand

Auf dieses Schlachtfeld
Vorm blutroten Horizont
Als Soldat hineingestellt
In vorderster Front
Kämpfend
Um seinen Mann zu stehen
Von Geschossen verstümmelt
In Lazaretten gepflegt
In Schlachten getümmelt
Jünger
Entkommt dieser Schule
Bleibt sein Leben verheert
Den Tod nur verachtend
Das Sterben verehrt
Gelernt
Dem Maschinentakt ´horchend
Gehört Arbeit der Sieg
Signalgebende Sirenen
Aufrufend zum Krieg

Auf dieses Schlachtfeld

Anmerkung:
Inspiriert durch Leben und Werk von Ernst Jünger

66. 5 x 4

FREI
HEIT
EINE
FIXE
IDEE

Anmerkung:
Inspiriert von Max Stirner

67. Gekippt, ganz systematisch.

Ein kurzer Prozess.

O Wunder!
Was gibt´s für herrliche Geschöpfe hier!
Wie schön der Mensch ist. Wackre, neue Welt,
Die solche Bürger trägt!
(Shakespeare, Der Sturm)

Irgendwo im Würfel: Etage X, Gang Y, Büro Z.
Zwei hagere Beamte, Gogo und Didi, an einem gemeinsamen Tisch in einer niedrigen, fast uneinnehmbaren Bürozelle. Die Deckenhöhe beträgt ganze einmeterfünfzig. Das Büro ist mit Klein- und Kleinstmöbeln eingerichtet, einige Schränke fungieren als Truhen. Die Fenster, die alle zum Innenhof blicken, kann man nicht öffnen; die Fenstergriffe befinden sich in dem Büro darunter. Aber auch von dort würden sich die Fenster nur leicht ankippen lassen. Im Zuge der Umstrukturierung wurde auch die Tür zum Gang aus den Angeln gehoben; sie dient - auf vier Getränkekästen gelegt - als Aktenablage. Die Türschwelle kann man übrigens nur flach auf dem Boden liegend passieren, weshalb immer ein zweiter Mann erforderlich ist, der den anderen an Händen und Armen zieht beziehungsweise an den restlichen, abwärtigen Körperstellen vorwärts drückt und schiebt.

Gogo und Didi, die gerade von einer Lagebesprechung kamen und - schon routiniert - die Betretung des Zimmers gemeistert hatten, vertiefen sich wieder in ihre Arbeit.

GOGO eine Akte betrachtend Josef K.
DIDI aufschauend Was?
GOGO Josef K. Er ist der Erste.
DIDI Ach so.
Gogo hält Didi die Akte über den Klapptisch hin. Dieser beschaut sie aus der Ferne, wartet zwei Sekunden und nimmt sie schließlich stirnrunzelnd entgegen. Er öffnet den Aktendeckel und läßt die Seiten wie im Daumenkino vorbeirauschen.
DIDI Immerhin haben wir einen Job zu erledigen.
GOGO Genau.
DIDI Wir haben ja klare Zielvorgaben.
GOGO leicht verunsichert Ja?!
DIDI Du hast es doch eben selbst gehört.
GOGO Du meinst die 30 Prozent weniger Kunden?
DIDI Und die Erhöhung der Bearbeitungsquote.

GOGO Alle wollen sie mehr Kunden, nur wir wollen weniger.
DIDI Solvente Kunden, Gogo, solvente Kunden, die will jeder. Schließlich würden uns dann nicht sämtliche Mittel gestrichen werden. Didi klopft bekräftigend auf den Klapptisch, der unter seiner Faust erschüttert.
GOGO Ja und die Klimaanlage würde auch wieder gehen. Er plätschert mit den Füßen hörbar in der Waschschüssel, die nur noch lauwarmes Wasser enthält.
DIDI Die unten können wenigstens einen Ventilator betreiben. Wir haben hier nicht mal Steckdosen. Pause Immerhin haben wir Licht.
Wobei sich aber der Lichtschalter wiederum einen Stock tiefer befindet, denkt Didi. Und die Kollegen machten sich anfänglich einen Spaß daraus, das Licht schnell hintereinander an- und auszuschalten. Zum Glück waren die Neonröhren an der Zimmerdecke für solche Spielereien etwas zu träge und die Missetäter verloren bald das Interesse. Trotzdem beauftragten sie den Hausmeister, den Lichtschalter zu überbrücken. Nun steuern sie das Licht, indem sie einfach die Leuchtstoffröhren in der Fassung um 90° drehen.

DIDI Also Gogo, zur Akte.
GOGO Josef K.
DIDI formulierend Ist möglichst kostennah ... der endgültigen Lösung ... zuzuführen. Gibt Gogo die Akte zurück.
GOGO Der Endlösung zuführen?
DIDI Quatsch, hör doch drauf! Es geht um die endgültige Lösung im Hinblick auf die Bewältigung einer vorübergehenden Problemlage.
GOGO Ach so, Formblatt AV zwölf.
DIDI hebt den Zeigefinger Und Handlungsanweisung AV zwölf HA.
GOGO Korrekt. Gogo nimmt aus einer Truhe einen Bogen bedrucktes Papier und legt es vor sich auf den Klapptisch Wieso steht hier überhaupt "endgültig" und "vorübergehend", Didi?
DIDI Weil das das passende Schriftstück für den Vorgang ist.
GOGO überlegt Ich meine ja nur, warum heißt das so?
DIDI Na weil es die Sache beschreibt, die es zum Inhalt hat!
GOGO überlegt Okay. Pause Wir haben wohl eh keine Wahl?!
DIDI Nicht bei der derzeitigen Haushaltslage.
GOGO Schade eigentlich.
DIDI Ja, aber notwendig.
GOGO Was geben wir als Grund an?
DIDI zögernd Grund?
GOGO tappt mit dem Finger auf das Blatt Papier Ja, hier steht "Begründung der Maßnahme".
DIDI Ich weiß, was da steht, Gogo! Pause Mal überlegen Didi sinnt nach den rechten Worten. Gogo scheint daran Anteil zu nehmen, denn er schaut wie gebannt auf seine Lippen. Lassen sich nicht im System abbilden. Lässt die Worte wirken Oder. Genügen nicht mehr den Anforderungen des Apparates.

GOGO Oder wegen Gefährdung des reibungslosen Betriebes.
DIDI Zum Beispiel.
GOGO Einfach so?!
DIDI Ja, aber begründet!
GOGO Ja, es klingt vernünftig. Schreibt einen Grund nieder. Für welchen er sich entschieden hat ist ungewiss und ohne Belang.
DIDI energisch Es ist wissenschaftlich erwiesen! Sein Zeigefinger meldet sich.
GOGO Wir könnten die Statistik anführen.
DIDI beipflichtend Laut Datenreport zweitausendfünf ... Schrägstrich null neun ... Strich dreizehn ... neunzehn ... null V zwei ... AAGB. Wartet bis Gogo das entsprechende Formularfeld ausgefüllt hat Schließlich müssen wir das verantworten können.
GOGO Vor wem?
DIDI Vor der Öffentlichkeit. Pause Vor der Gesellschaft.
GOGO Dem Rest.
DIDI Nun, ja.
GOGO Dem Steuerzahler!
DIDI Richtig!
GOGO Jetzt noch die Unterschriften. Gogo unterschreibt und schiebt Didi das Formular über den Tisch.
DIDI Ach ja, das gute Vieraugenprinzip. Er zeichnet gegen und schiebt das Papier wieder zu Gogo zurück.
GOGO In Ordnung.
DIDI Ja.
Gogo holt aus, der Stempel knallt auf den Aktendeckel, der Klapptisch erschauert erneut. AUSGESTEUERT.

Schon der nächste Vorgang lief bedeutend reibungsloser.

68. Froschsein

I. Der Froschkönig

Es war ein Frosch aus Westphalen
Den konnt´ man mit Mücken bezahlen
Er war unser Retter
Er machte das Wetter
Er quakte es schön zu den Wahlen

II. Das Froschkonzert

Die Frösche haben dies bequakt
Und ihren Mücken entsagt
Das Wetter wird schlecht
Das ist nur gerecht
Denn der Job war nicht mehr gefragt

III. Die Froschlegende

Allen Unkenrufen zum Trotz
Mückenfängerei ist der letzte Rotz
Ich schluck´ eine Kröte
Bevor ich sie töte
Lieber mach´ ich die Mücke und kotz´

IV. Die Froschperspektive

Mensch, der Du bist, sei kein Frosch
Auch wenn Dir das Licht erlosch
Es gab diese Plage
Vor allem bei Tage
Als man nach den Mücken drosch

69. Galgenvögel

Der Kitt ist von den Wänden gefressen,
die Fassaden stürzen ein, selbst
in den Rettungsbooten herrscht
Untergangsstimmung.
Die nette, zufriedene Grube war
eine Falle gewesen.

Nun, sie war es die ganze Zeit, aber
wir haben es doch verstanden uns
behaglich darin einzurichten,
hinzurichten in einem gewissen Maße.

Bis hierhin und nicht weiter, so
sagten wir. Kompromisse sind das A
und O einer funktionierenden Demokratie,
Freiheit heißt auch Einsicht in die
Notwendigkeit.

Aber, bitteschön, was sollen die
Einschnitte, die durch Mark und Bein gehen,
so fragten wir. Die Schmerzgrenze war
erreicht. Wir griffen zum Äußersten:

Wir meldeten Bedenken an.
Wir drohten mit dem Anwalt.
Wir protestierten.
Wir protestierten nachdrücklich.
Ausdrücklich.

Die Sache hatte einen Haken damals,
gewiss, aber wir haben eine Lampe daran
aufgehängt und ihr Licht überstrahlte alles,
selbst den Haken.

Jetzt will man uns aus den seidenen
Strümpfen einen Strick drehen, will
diesen ehrerbietig um den Hals und
vorschriftsmäßig um den Haken legen.
Das sei das neueste Prinzip,

erklärt man uns. Und wir sollten uns
alsdann auf jenen großen, gepolsterten
Stuhl stellen, der uns ehedem so
majestätisch, einem Throne gleich,
empfing, und komfortabel in sich aufnahm.

Und das alles nur, um ihn auf den Wink
eines strafbevollmächtigten
Sachbearbeiters zum gegebenen Zeitpunkt
unter den Füßen wegzutreten.
Sprachlosigkeit machte sich breit und als
wir die Stimme zum Einspruch erhoben, kam
nur ein Röcheln hervor.
Hingen wir denn schon?

Wir hielten inne. Warteten. Soll uns
doch ein anderer den Boden unter den Füßen
wegziehen. Wir nicht, niemals!

Dann kam uns die Decke entgegen.

70. Verselbständigung

Fürs Vaterland

Sei Dein eigener Kanzler,
Du brauchst doch keine Ansprache und Agitation von irgendwem. Du bist doch selbst Dein bester Antreiber. Dein Programm wählst Du selbst aus dem Angebot und mit wem und auf was Du Dich einlässt, Du weißt doch am besten, dass nur Du gut für Dich bist. Auf dass Du nie Deine Selbstbeherrschung verlieren mögest.

Sei Dein eigener Richter,
Du beurteilst Dich am gerechtesten und gehst hart mit Dir ins Gericht. Zuerst suchst Du wohl die Schuld bei den anderen, dann glaubst Du sie bei Dir, klagst Dich an, am Ende richtest Du Dich selbst. Deine Selbstjustiz spare Dir auf bis zum großen Finale und gib auch den Anderen Bescheid.

Sei Dein eigener Polizist,
Du überwachst doch jeden Deiner Schritte. Und bevor Worte Deinen Mund verlassen wurden sie am Einlass schon ein Dutzend Mal gefilzt und wieder abgeschoben. Ich lobe mir Deine innere Sicherheit und Selbstzensur.

Sei Dein eigener Führer,
Du weißt doch schon lang, wo es lang geht. Immer der Nase nach, vor allem der Eigenen, so kommst Du am besten durch den Verkehr. Im alltäglichen Leben wie im Katastrophenfall, oder vielleicht ist das auch dasselbe, bleib Dein eigener Trabant und Selbstbeweger im Warenuniversum.

Sei Dein eigener Unternehmer,
Du weißt doch selbst, was Du Wert bist. Also trägst Deine Haut ganz von allein zu Markte, wirst von der Nachfrage geprägt, und könnte das Brandzeichen nicht ein Tattoo sein? Du kennst Deine Grenzen und lotest sie aus, scheust weder Risiko noch Scheitern. Nur frischen Mut und Kopf hoch, wenn die Kugeln pfeifen. Selbstausbeuter an die Macht!

Sei Dein eigener Autor,
Du schreibst Deine Lebensgeschichte selbst. Auch mit Phantasie, um dem Leser zu gefallen, auch wenn es nur Personalchefs sind auf der Suche nach human resources mit Biographien wie von Fahrtenschreibern: lückenlos, ohne Totzeiten und genauso manipuliert. So erzählst Du Deine eigene Geschichte und Geschichten in casting shows als Selbstdarsteller im Schauspielhaus.

Sei Dein eigener Lehrer,
Du klärst Dich doch selbst auf. Statt alten Ideen hinterherzuhinken, gehst Du mit der Zeit, liegst voll im Trend. Du trennst schnell das Nützliche vom Unwesentlichen und Überflüssigen. Das Leben selbst ist doch die beste Schule für dieses Leben. Also verdienst Du Dir beizeiten Dein eigenes Taschengeld, für Deinen eigenen Konsum an Bewusstseinserweiterungen und Sinnprothesen.

Sei Dein eigener Arzt,
Du weißt Doch am besten, wo Dir der Schuh drückt. Du kurierst Dich selbst und Deine Arbeitskraft ist übers Wochenende oder spätestens nach drei Tagen Abwesenheit wiederhergestellt. Ein Trostpflaster an der richtigen Stelle, einen Pillencocktail weiter und schon bist Du geheilt und machst genau da weiter, wo Du aufgehört hast.

Sei Dein eigener Religionsstifter,
Du glaubst an Dich doch am meisten und das reicht doch auch. Du bist Deine eigene Kirche und Sekte, sie heißt ICH. Bist Dir Dein eigenes Opium, in der Pfeife rauchst Du Dich selbst, Anbeter und Beweihräucherer des eigenen Selbst.

Anmerkung:
Motiviert durch die "Du bist Deutschland"-Kampagne

71. Abgereimt

Klasse
Rasse
Masse
passe

72. Sie werden platziert!

Ein Zuvorkommnis

Gestatten, USA
Weltmacht.
Haben sie schon von mir
gehört? Oder ist Ihnen
schon Hören und Sehen
vergangen?
Abwarten, das kommt noch.

Darf ich Ihnen einen Platz
anbieten? Dieser hier ist
schon besetzt. Aber da
hinten ist noch etwas frei.
Warten sie, ich führe sie hin.

Wie geht es Ihnen denn so?
Halt, sagen sie nichts.
Ich lese es in ihren Augen.
Für sie ist das hier alles
etwas ungewohnt.
Aber auch das geht vorbei.
Sie werden schon sehen.

Und da sind wir auch schon.
Setzen sie sich doch an
diese Seite.
Immer mit dem Rücken zur Wand.
Ein kleiner Tipp von mir.
Der geht aufs Haus.

Und, wollen sie gleich
bestellen oder erst ein wenig
ausruhen?
Ach was, sie haben sicher Hunger.
Nein sie brauchen nicht erst
in die Karte zu schauen.

Ich empfehle ihnen das Gericht
des Tages.
Haha, als ob es morgen etwas
anderes geben könnte.
Also speziell für sie heute:
Schurke alá Chef.
Schön blutig zubereitet.
Sie werden es lieben.

Ah, da kommt es schon.
Ich wünsche guten Appetit.
Und schön aufessen, damit
morgen die Sonne wieder scheint.
Sie wollen doch groß und
stark werden.
So wie ich es bin, hm.

Wieso essen sie denn nicht?
Sitzen da mit geschlossenen
Augen und halten sich die
Ohren zu.
Ist das ihre Art, sich bei
Ihrem Gastgeber zu bedanken?

Habe ich Ihnen etwa zu viel
versprochen?
Empfehlen sie mich weiter.
Hier ist meine Karte:
USA, Weltmacht
Weltmacht USA.

73. Neues Deutschland

Ein Gefangenendilemma

Neues Deutschland,
Du gehörst ins Museum.
In den Amtsstuben und auf Festreden
nennt man Dich beim Namen,
der sich uns eingebürgert hat.
In Stadien und auf Plätzen
erweckt man Dich zum Leben.
Doch wach bist du immer,
nur die Rufer schlafen tief und fest.

Aber das ist nichts Neues.

Auf ewig zweigeteilt:
Käufer und Verkäufer,
Schuldner und Gläubiger,
Opfer und Täter.
So kommt eins zum anderen,
aber das Andere ist immer fremd, anonym, un-eins.
Ein ständiges Nehmen und Geben,
ein Drunter und Drüber,
dass man sich schon wechselseitig die Hände schmutzig machen muss.
Schön anständig unanständig,
unser Handwerk,
schwankend zwischen Meister- und Gesellschaft
ohne Zunft und Zukunft.

Auch das ist nichts Neues.
Ein Leben auf Verhandlungsbasis:
schlitzohrig unter- und überschlagen wir (uns),
einäugig schauen wir nach vorn und hinten,
krumm und schief lauert das Böse, so hakennasig,
großmäulig verkünden wir unsere ewigen Wahrheiten
und so manche Dummheit steht uns noch ins Gedicht geschrieben.

Und das ist nichts Neues.

Nichts Neues,
Deutschland.

74. Bundeswalzer

(Rausschmeißerrunde)

Hereinspaziert, Ihr Investoren,
hier wird kräftig abgerockt!
Euer Geld fühlt sich hier bestens
angelegt und angelockt.

Nur herein, Ihr Finanztouristen,
mit (h)ausgemachter Politik
reichen wir zu Brot und Salze
unsere Bundesrepublik!

Wollen Sie mal ganz schnell wissen,
was noch alles in ihr steckt?
Hören Sie nicht auf Gerüchte,
schauen Sie ins Verkaufsprospekt:

40-Stunden-Arbeitswoche,
darf auch etwas mehr gern sein,
ausfallsicher und Scheinkranke
gibt´s nicht mal auf Krankenschein,

Tarife günstig, Mensch flexibel,
gut genährt und selten trächtig,
ist mobil und einsatzfähig, mit
Bildung, die kaum preisverdächtig.

Beachten Sie die rhein´sche Formel,
deren Rechnung ging kaum schief:
Faktor Arbeit mal Faktor Arbeit
heißt: auf gut deutsch produktiv.

Und der Bundesadler droben
kreist schon übers faule Aas,
ist des fleiß´gen Deutschen Nahrungs-
und Lebensmittelketten-Fraß.

Metropolen über alles:
Hamburg, München, Rhein-Main-Gebiet.
Dazwischen gibt´s paar ruhige Flecken,
wie man von weit oben sieht.

Und die vereinten Demokraten
- die sozialen wie die Christen -
sind aus nächster Nächstenliebe
kreuzbrave Standortsozialisten.

Auf, auf, Kapital, zum letzten Tanz!
Weil´s so schön war, mach´s nochmal!
Deutsche Arbeit ruft Dir zu:
Hic Rhodus, hic salta, pecunia!

Anmerkung:
Inspiriert durch Enzensbergers "Bundeswalzer"

75. Gekeulte Worte

(Beschreibung eines gewöhnlichen Ausnahmezustandes)

Dienstag
Störung der öffentlichen Sicherheit und Ordnung -
da lachen ja die Hühner.

Mittwoch
Nationaler Krisenstab -
nur nicht die Hühner verrückt machen.

Donnerstag
Verordnungen -
ohne viel Federlesens.

Freitag
Volk -
ein einziger Hühnerhaufen.

Samstag
Ausgangssperre -
mit den Hühnern zu Bett gehen müssen.

Sonntag
Zuwiderhandlungen -
es werden Hühnchen gerupft.

Montag
Tagesordnung -
es kräht kein Hahn mehr.

Anmerkung:
Anlässlich der Vogelgrippe

76. Parasitte

Parasiten,
ich darf bitten
den Fortschritten
ihre Schnitten
die entglitten
durch die Dritten
und inmitten
ein paar Fritten
Sturz erlitten
abzustreiten
denn seit weiten
Urgezeiten
stets bereiten
die von Arbeiten
befreiten
Tätigkeiten
anstatt Pleiten:
die Neuheiten!

77. Hurrikan K.

Donner grollen, Köpfe rollen.
Ist die Natur verrückt geworden,
diese Sturm- und Drangperiode
mit Geschwindigkeitsrekorden?

Auf der Flucht, vor der Wucht.
Ist der Mensch jetzt besser dran,
der jetzt flüchtet aus der Heimat,
falls er es sich leisten kann?

Menschen morden, Menschen horten.
Denken wir, das geht vorbei,
mit dem Jahreszeitenwechsel,
mit ´ner großen Volkspartei?

Auf Barrikaden, Kameraden,
´s geht um Euer Fleisch und Blut!
Verbarrikadiert nicht Eure Häuser
gegen hausgemachte Wut!

Revolutionen in den Köpfen,
das ist der einzig wahre Ort,
um mal wieder Luft zu schöpfen,
in vollen Zügen, Wort für Wort!

Anmerkung:
Anlässlich des Hurrikans Katrina

78. Caltha palustris

Erstorben in der Kühle,
erfroren Herz und Hände
und jetzt blüht die Blume
in dem Sumpfgelände,
gelb:
Balg,
zeig dich!
Ich werde dir das Fell über beide Ohren ziehen!
In diesem Morast bist du aufgewachsen.
Also flenn nicht!
Immer nah am Wasser gebaut,
du Frucht meiner Lenden.
Parasit!
Aus meinem Schoß kamst du gekrochen,
unnütz!
Möge der Wind kommen, dich forttragen
und im nächsten Fluss ersäufen!
Mit dir könnte man doch nur Feuer anfachen!

79. Zur Sache

Deutsch sein heißt, eine Sache um ihrer selbst willen tun.*
Die Sache ist nämlich die: die Sache hat ihren eigenen Willen.
Manchmal auch einen Haken oder ein Nachspiel.
Aber das sind Nebensächlichkeiten.
Hauptsache Arbeit!
Wie die Sache ausgeht, ist Glückssache.
Da ist auch vieles Kopfsache; hat man sich die Sache erst einmal in den Kopf gesetzt,
schreibt sie von dort oben eine Ansichtssache.
Wer damit unsachgemäß umgeht, ist Privatsache.
Für Sachschäden wird nicht gehaftet! Nur keine halben Sachen!
Damit die Sache Hand und Fuß hat, muss sie jemand in die Hand nehmen.
Es ist dann Sache der Sachbearbeiter.
Für Sachfragen stehen Sachverständige zur Verfügung.
Je nach Sachlage und Sachkenntnis wird dann in der Sache entschieden.
Sachdienliche Hinweise nimmt jede Polizeidienststelle entgegen.
Diese ermittelt dann in eigener Sache auf diesem Sachgebiet: in einer Strafsache.
Es geht ja um die gerechte Sache, zumindest um Tatsachen. Sachlich richtig - reine Formsache.
Deshalb ist es besser, man fügt sich den Sachzwängen.
Widersacher werden vorgeladen, zur Klärung eines Sachverhalts.
Sachte, sachte!
Wir haben uns sachkundig gemacht.
Komm zur Sache, Freundchen!

Sachen gibt´s, die gibt´s gar nicht.

Anmerkung:
*Zitat von Richard Wagner

80. Kinderlied, sozialdämokratisch verfranzt

Foppe foppe Münte,
wer jetzt schreit, hat Gründe.
Schreit er an Genossen,
ist er politikverdrossen.
Schreit er beim Geld hecken,
dann necken ihn Heuschrecken.
Schreit er wegen den Renditen,
sind es Clements Parasiten.
Schreit er sich die Seele raus,
kriegt er nicht mal von Ed Applaus.
Denkt er A.-soziales,
dann schreit der Münte:
"Nahles!"

81. Totale Verarsche

Seht,
wie Ärsche sich sanft bücken
in Arschgesichtern ein Entzücken.

Spüren,
als Arsch aus freien Stücken
wie Stühle sich sacht an dich drücken.

Bauend,
ein Arsch lässt hinter Lücken
von Arsch zu Arsch stets neue Brücken.

So bleibt das ärgste Stühlerücken
wenn ein Arsch kommt und ein Arsch geht
arsch-los.

82. Gesellschaftliches Urinieren

Damals gab´s noch kein Benzin
der Kaiser stand kurz vorm Ruin
sann wie das Haus zu halten wär´
kaum ist das auszuhalten mehr
da spürte er es im Urin

mit unstillbarem Riechinstinkt
dass Urin aber Geld nicht stinkt
erhob er eine Pinkelsteuer
die Notdurft wurde bald zu teuer
wenn öffentlich man etwas trinkt

das Volk besetzte die Latrinen
bezahlte - tat ja auch verdienen -
aus den Sani-erern wurden -täter
und eine Himmel/Hölle später
entstand der Staat noch etwas vage
als große Sanitäranlage

zwar wurd´ die ´lage bald beschissen
doch konnte man sich jetzt verpissen

und die Moral der Weltgeschichte
Ernüchterung im Angesichte:

§
Drum, Brüderlein, trinkt!
Jeder Vergleich hinkt!
Die Freiheit*, die winkt!
§

*stinkt

<u>Anmerkung:</u>
Der Kaiser, der im Selbstversuch Geld und Urin verglich, hieß Vespasian.
In den Paragraphen stehen ein paar Ausrufe, die während der Französischen Revolution so nicht gefallen sind.

83. muster:gültig

Ich bin
Mustermann
aus Musterstadt
und habe
meinen Namen satt
der in aller Munde ist
den ich nur schluck und esse
(gewohnt an der Adresse).

Ich erfülle stets die Norm
bin mittelmäßig in der Form
ein Durchschnittstyp
Normalverbraucher
Gelegentlich-mal-eine-Raucher
bin Muster, -beispiel, -exemplar
für so manches Formular
steh schwarz/weiß auf dem Papier
zu Leben, Rente und Hartz IV
ich bin der Maßstab aller Dinge
wenn´s um den Lebensstandard ginge
ein Habenichts, aber auch nicht ohne
die amtliche Universalschablone
kein Sonderling, kein Sonderfall
und immer in der Überzahl
bin und bleib ich, was ich war:
i. Allg. berechenbar.

84. Auf dem Bürgersteig

Mein Standpunkt
ist der wo ich stehe
die Ansicht
nur das was ich sehe
der Weg
führt mich wohin ich gehe

85. alien(n)ation

ich sehe dich.
du schaust nach ihm.
er hat ein Auge auf sie.
sie betrachtet es.
es beobachtet uns.

wir beurteilen euch.
ihr überwacht sie.
sie kontrollieren uns.

86. So wahr mir Gott helfe ...

wenn die Spaßgesellschaft kraft ihrer Freude ernst macht, möchte ich nicht ihr Kaspar sein.

87. Hinterrücks

Niemand, spricht der schlaue Meier,
legt in Nester faule Eier.

Niemand, spricht´s in aller Ruhe,
hört hier weder ab noch zu´e.

Niemand will ´ne Mauer bauen.
Niemand kann den Augen trauen.
Niemand will die Rente kürzen.
Niemand kann den Thron umstürzen.
Niemand hält die Sozis auf.
Niemand gibt den Staat in Kauf.
Niemand will nie Kriege führen.
Niemand wird der Sieg gebühren.

Niemand da, schrieb Enzensberger,
vor dem Bunker / in dem Kerker.
Niemand kommt, wen totzuschlagen,
nicht an Sonn- und Feiertagen.*

Niemand schreit, alles duldet,
fremd befreit, selbst verschuldet.

Niemand, der hier Jemand fand
hier in diesem Niemandsland.

<u>Anmerkung:</u>
*Anspielung auf das Gedicht "Schöner Sonntag" von Enzensberger

88. Gewalt/ent/eilung

Wenn die
Marktgesetzlichkeit/
mit marktfähigen Mitteln
nicht mehr aufrechterhalten werden kann/
wandert das Frischfleisch vom Markt in den Knast,
dem point of sale in Zeiten kapitalistischen Aufstiegs und Zerfalls.

Das ist für die Medien als "Vierte Gewalt" ein gefundenes Fressen,
die Geier kreischen: "Lovely spam! Wonderful spam!"*

Und/kein/Ent/kommen.

<u>Anmerkung:</u>
*Zitat von Monty Python

89. Im Verdrängungswettbewerb

Im Grunde
zu wissen, was
an der Oberfläche
nie erscheinen darf.
Die Spitze des Eisbergs
ist dabei nur das schlechte
Gewissen. Das geht dann solange
gut bis es Schiffbruch erleidet.

90. Seitensprung

Wenn ich mit dem System fertig bin, wird nicht mehr viel von mir übrig sein.

91. Ich im God Mode

Aus Versagen
Ein Verzagen
- ohne sich mal selbst zu fragen

Aus Verhören
Ein Verschwören
- ohne ihren Klang zu stören

Aus Versehen
Ein Vergehen
- ohne sich auch mal zu drehen

Im Prinzip bin ich lieb
Meine Mode hat Methode
Meinen Gang geh´ ich lang
Mein Geschwätz das ist Gesetz
Meine Regel trifft den Kegel
Runde Klammer auf
Und die Kugel und den Kopf
Und schon zieh´ ich mich alleine aus dem Sumpf am eigenen Schopf
Runde Klammer zu

92. Alley cat

Immer wieder vorübergehend arbeitsunfähig?
Nicht gesellschaftsfähig?
Das Gefühl, die Kontrolle über sich selbst zu verlieren?
Lebensangst?
Das muss nicht sein!
Lesen Sie Bild!
Bilden Sie sich ihre Meinung!
Der tägliche Konsum einer Dosis "Was-Hackfressen-wie-Du-immer-schon-wissen-wollten" deckt den durchschnittlichen Bedarf eines Bundesbürgers!

Da schnurrt das Kätzchen.
Da lacht die Maschine.
Das nenne ich lebenslanges Lernen für ein Leben in der Gosse.
Da hat nichts Größe.
Da hat nichts Liebe.
Da stopft man sich doch gerne selbst das Maul.

Mehr habe ich Euch nicht zu sagen.

93. Entbindungslied

Deutschland
hier kommen deine Weber
hier kommen deine Totengräber

wir klopfen an die gold´ne Pforte
an diesem dunklen kalten Orte

auf deinen vielen Leichenfeldern
bezahlten wir mit Schweigegeldern

saßen zu lang in den Kellern
fraßen zu viel von den Tellern

Deutschland
wir sind deine Brut
gegen dich, für garnichts gut
wir haben dir etwas mitgebracht
es ist so weit, es ist vollbracht

kleiden dich in feines Leinen
dein antlitz wird niemandem scheinen

sei von uns vielfach verflucht
sei von uns nie mehr gesucht

Deutschland, Deutschland
ohne mich
Deutschland, Deutschland
ohne dich
Deutschland, Deutschland
niemands Land
lösen wir jetzt dieses
Band

94. Meine Anteilnahme

"Sagen Sie der neuen Regierung Ihre Meinung"*

Die CDU/CSU gibt sich sozial. Das ist harte Arbeit. Und wie es sich für gottesfürchtige Christen mit dem Einschlag zur Nächstenliebe geziemt, geißelt man sich selbst.

Die SPD sieht ihr Lieblingsspielzeug, die Demokratie, in Verruf. Einige Irre sprechen sogar schon von verrechtlichter Diktatur. Das klingt gar nicht schön. Wenn uns schon die Proleten ausgehen, läßt es sich auch ohne die Diktatur ganz gut aushalten.

Die Grünen sind schnell gereift in den Verwesungsprozess hinübergetreten. Sie haben quasi dem 140 Jahre alten Tante-Emma-Laden in Marathonmanier den Rang abgelaufen. Sogar beinahe ohne einem Land zu erklären, was Krieg ist und wieso hilfreiche Bomben der Vorgeschmack von Freiheit und Demokratie sind und wie noch aus jeder blühenden Giftmülldeponie eine Naherholungszone wurde.

Die Linke definiert was links im Zeitalter der Orientierungslosigkeit bedeutet. Arbeit und soziale Gerechtigkeit hält man für ein schönes Aushängeschild, so zeitgemäß. Denn seien wir doch ehrlich, eine andere Politik ist möglich. Es braucht halt die richtigen Deppen am Ruder, die, die noch genauso unterirdisch mit dem bürgerlichen Alltagsmenschen (im folgenden Arsch abgek.) verwachsen sind, wie sie selbst.

Die FDP überlegt wieviel Frischluft so ein freischwingender, bürgerlicher Arsch eigentlich vertragen kann, bevor er auf Grundeis geht. Jeder Arsch hat doch so seine Verantwortung für sich. Und wer den größten Haufen scheißt, verarscht doch so auch seine kotbesudelten Nebenbuhler.

Die Rechtsradikalen sind die ewigen Newcomer, zur rechten Zeit am rechten Ort. Immer da, wenn man sie braucht. Nie ganz auszurotten, selbst wenn man sie alle an die Wand stellen würde. Immer sind die Wände in der Unterzahl, wenn man schon in der pluralistischen Form sprechen will. Eine Angebot-Nachfrage-Diskrepanz, die der Markt mit oder ohne staatlichen Mitteln, nie ganz aus der Welt schaffen kann. Oft lässt man deshalb ein paar unverbrauchte Ärsche mit Feuer im Hintern Lichterketten bilden. So bestimmt jede Partei ihren Standort, d.h. wieviel er noch Wert ist.

Bei diesen Unwägbarkeiten gerät schnell das ganze Raum-Zeit-Kontinuum außer Kontrolle. Tipp von ("Du bist"-) Albert Einstein, bekanntlich ein großer Fan von Deutschland, dass er leider wegen der Machtübernahme durch Aliens verlassen musste:

"Zwei Dinge sind unendlich: das Universum und die menschliche Dummheit; aber bei dem Universum bin ich mir noch nicht ganz sicher."

Fröhliches Aussitzen,
ihr Ärsche.

Anmerkung:
*Aus der Spam-Mail:
Liebe Mitbürgerinnen und Mitbürger,
höhere Mehrwertsteuer? Rente erst mit 67 Jahren? Mehr private Vorsorge? Deutschland hat die erste Bundeskanzlerin seiner Geschichte. Welche Reformen wird sie anpacken? Und was halten Sie davon?
Sagen Sie uns, in welche Richtung sich unser Land verändern soll – und gewinnen Sie durch Ihre Teilnahme an der weltweit größten gesellschaftspolitischen Online-Umfrage Perspektive-Deutschland. Als Preise winken drei Wellness-Wochenenden für zwei Personen, Freikarten für "Wetten dass ..?" und die anschließende VIP-After-Show-Party sowie viele wertvolle Sachpreise.

95. Einladung zum Tanz

Eins, zwei, drei
komm doch einfach mal vorbei
in das Building von der Bildung
wo das Wissen in gewisser so beschissner
Art und Weise weiß bekittelt
nett vermittelt und betitelt
in den Gängen rumgetragen und seit Tagen
aufgefächert, eingeäschert wird.

Vier, fünf, sechs
komm herbei, du kleine Hex´
hier gibts fette Beats für die Miez,
für die Katze, ihrer Tatze,
in einem Satz, damit sie kratze /
kein Fast Food für die Fools,
die noch hängen in Old Schools
lieber liefert Bobby ohne Lobby
munter Muni in die Uni.

Sieben, acht, neun
Komm, denn ich würd´ mich freu´n
Donnerstag, 15, 12, 20, 5, 19, 30
C-Town, Mr. Exit! is in the house
Aus!

Anmerkung:
Anlässlich des Besuchs des Vortags von Robert Kurz an der TU Chemnitz

96. Metakommunikation

Selbstmatt in 96 Zügen

→ **Oh du fröhliche ...** → **alien(n)ation**. Ich kann es nicht mehr hören ... → **Ich will** dich nicht mehr hören. Zu lange habe ich mich → **Tot gestellt**, der → **Gewalt/ent/eilung** erlegen. Dem → **Arbeitswahn** bin ich für heute entflohen. → **Feierabend ohne Morgen**, das wärs. Ah, → **Ein neues Ges-ich-t** wendet sich mir zu. → **Hallo Nichts!** Schön, dass Du der → **Einladung zum Tanz** gefolgt bist. Beim Anblick denke ich: → **Vorsicht Glas!** Wir gehen → **Auf dem Bürgersteig**. Auf einem Schild steht: → **Sie werden platziert!** Aber ich

will kein → **Froschsein** → **Aus Liebe zum Gesetz**. Ich sagte, Ich habe → **Hunger**, aber → **Eure Saat** macht mich nicht satt. → **Kapern nach Art des Hauses** sind nicht mein Fall ... Euer → **Autokannibalismus** passst → **muster:gültig** zum → **Schlachtplan nach Art des Hauses**. Ich erbrachte meinen → **Arbeitsnachweis.** → **Der Tod ist mein Beruf**, ein → **Sternenschicksal** ... → **Sätze ohne S und O** führen geradewegs in die → **A-nomie**. Ich übe mich statt dessen in → **Higher Communications**, da → **Demokratischer Analphabetismus** mich verstummen ließ. Ich habe nicht das Zeug zum → **Politician Superstar**, noch will ich es haben. Doch was ist die → **Quintessenz**? → **Zur Sache**, Freundchen. → **Wer bist Du?** Ich rechne mal schnell → **5 x 4** zusammen. → **World Arithmetics**, nenne ich das. → **Hinterrücks** schleiche ich mich an, einem → **Trojaner** gleich. Während → **Die Balnibarbischen Projektemacher** den → **Bundeswalzer** tanzen, singe ich das alte → **Entbindungslied**, das → **Eiapopeia vom Demokratenhimmel**. Alles → **Totale Verarsche**, sage ich. Ich mach auf → **Opposition** im → **K(l)eingarten e.V.**, → **Die neue Kraft** → **Im Schauspielhaus**. → **Gesellschaftliches Urinieren** kam mir irgendwie in den Sinn. → **shit happens, mr. sin(n)**.
Die → **Schluckimpfung** gibts heute mal anal. Ja, → **Wenn...** Warum? Aus → **Rück?fälligkeit!** → **Gekippt, ganz systematisch**. Da wagte ich einen → **Seitensprung**. → **So wahr mir Gott helfe ...** → **Im Verdrängungswettbewerb** bin → **Ich im God Mode**. Ich sprach der → **Alley cat** → **Meine Anteilnahme** aus. → **Welch ein Leben?!** Wir sprachen → **Über alles und sonst nichts**. Wir sprachen → **Von der Zukunft**, von → **Vater, Mutter, Kind, Tod**. Schnell habe ich mir ein paar → **Gekeulte Worte** → **Abgereimt**. → **Drei Minuten für ein Halleluja**, → **Sprachherrschaft inBegriffen**. Der → **Staat macht mobil**, aber wer → **Im Wendekreis des Trabis** den → **Hurrikan K.** abwartet, darauf hoffend, das der → **FORD, der Du in uns gefahren bist**, uns über die → **götterdämmerung** bringen könnte, irrt. Wir sprachen über → **Verselbständigung**, → **Neues Deutschland**, → **Vom Menschenschicksal als Massengrab**. Ich sang das → **Lied gegen die Arbeit**, zeigte ihr → **Deutschdeutsche Kalenderblätter 2005/1-6**. → **Krieg ist Frieden!** Zu mindestens wird der Status quo aufrechterhalten, auch wenn die Krisenverwaltung immer brutalere Züge annimmt. Ein → **Kinderlied, sozialdämokratisch verfranzt** oder Ein → **Kinderreim fürs Altersheim** richten da wenig aus. Wir sind alle → **Kreuzfahrer im 21. Jahrhundert**, aber mit unserer → **baumschulung nach art des hauses** machen wir nur noch als → **Galgenvögel** Karriere. Wir kamen vom rechten Weg ab. Beim → **Heimweg/h** sahen wir eine → **Caltha palustris** neben all den → **HAB+seligkeit+EN** und spürten die → **Freiheit im Gefangensein**. Wir machten einen → **Gedankenspaziergang** durch die → **Menschendämmerung**. → **Der Jahrhundertschritt** in den → **Weltenbrand** führte uns geradewegs → **Vor dem Knall** in eine → **Anachronistische Lagerankunft**. Zum Abschied wollte sie mir ein → **Surrogat** verabreichen. Aber auf → **tittytainment** hatte ich keinen Bock. Das ist bei mir so → **Parasitte**. Ich schreibe doch nicht für Idioten.

II. Auf Missionsreise

Ich setze mich wie ihm ersten Teil meiner Reise kritisch mit den bürgerlich-kapitalistischen Werten auseinander. Verfasse also etwas „Realpoesie“ in „Vökalsprache“. Die Texte sind alles andere als erbaulich und aufmunternd, auch wenn ich versucht habe, sie immer mit etwas Humor aufzuhellen. Sie können einen schon ganz schön runterziehen. Das ist wohl immer so, wenn man das eigene Fundament zertrümmert.

Mit dem Gedicht Nr. 116 vom November 2010, betitelt „Auf tönernen Füßen“ kommt aber ein neuer Impuls in meine Texte: der christliche Gott und die Bibel. Ich bin unserem himmlischen Vater so überaus dankbar, dass ER gerade in dem Augenblick, in dem ich mich freigeschrieben hatte, mein Leben umkrempelte, um wieder Neues denken zu können. Die Werte des humanistisch-christlichen Abendlandes warf ich über Bord, damit die Werte, wie sie in Gottes Wort vermittelt werden, Einzug halten konnten. Den desaströsen Zustand der Welt und der Gesellschaft fand ich in der Bibel beschrieben. Ich wurde beim Bibelstudium zunächst angeleitet von den Zeugen Jehovas, wurde aber kein Mitglied – als Gläubiger braucht man keinen Verein – und trennte mich nach knapp vier Jahren wieder von dieser Gruppierung.

Mit dem Nationalismus und Patriotismus der Deutschen hatte ich ja schon aufgeräumt. Nun konnte ich mich als Bürger Israels verstehen, mein Bürgerrecht ist in den Himmeln. Kein Staat der Erde konnte mir eine Hoffnung und Zuversicht geben, die im Wort Gottes denen verheißen wird, die sich zu IHM bekennen.

Es führen also nicht alle Wege nach Rom, sondern einer führt auch nach Jerusalem, nämlich der über Jesus Christus, den Sohn Gottes. Dieser Weg ist schmal und wenige finden ihn. Ich bete zu Gott, dass ER dir seinen Weg offenbart. Lass mich mit dir ein Stück dieses Wegs gehen.

97. Endspiel

Schwarz-rot-gold
Ein Fah-nen-meer
Schwarz-rot-gold
Bin ich
Ein Bad in der Menge
Ein Bad im Gedränge
Ein Volk, ein Schrei
Getroffen, ersoffen
In Schwarz
In Rot
In Gold

Anmerkung:
Anlässlich der Fußball-WM im eigenen Land

98. Sozialdemokratisches Arbeiterliedchen

Hineingepeitscht, -gebrandmarkt, und -gefoltert
Ist es uns in Fleisch und Blut übergegangen
Auf der Kette, die wir um den Hals tragen
Steht "Freiheit" - welch grausame Ironie.

Eingeschrieben mit Zügen von Blut und Feuer
Sind wir unseres eigenen Glückes Schmied
Auf dem Banner, das wir über unsere Köpfe tragen
Steht "Demokratie" - Schmiedehandwerk.

Von Kopf bis Zeh
Mit Ach und Weh
Aus allen Poren
Sind wir geboren
Blut- und schmutztriefend
Blut- und schmutztriefend

Vertreibung, Raubmord und Terror
Diese Geburtswehen schafften unseren Stand
Auf dem Papier, das wir in der Tasche tragen
Steht (jetzt erst) "Recht" - für Geschöpfe wie wir.

"Proletarier aller Länder vereinigt Euch!"
So riefen wir uns zu in Friedenszeiten
In dem Herzen, das wir in der Brust tragen
schlägt "Einigkeit" - fürs Vaterland.

Von Kopf bis Zeh
Mit Ach und Weh
Aus allen Poren
Sind wir geboren
Blut- und schmutztriefend
Blut- und schmutztriefend

99. Vökalsprache

Arbeit,
Arbeit,
brä brä brä*

Urlaub,
Urlaub,
blö blö blö

Konsum,
Konsum,
brümm brümm brümm

Anmerkung:
*Richard Huelsenbeck

100. Um jeden Preis

Der Geist ist willig,
das Fleisch ist billig,
selbst das Hirn ist mir Wurst.

Bevor ich vom Fleisch falle,
schneide ich mir lieber ins eigene
Fleisch
und Fleisch gesellt sich gern.

So sitz ich hier vor vollem Teller
und koste es,
was es wolle.

101. Kapitalismus: abgelaufen

(Gesellschaft mit begrenzter Haltbarkeit)

Siehst Du, wie das Fleisch vergammelt
Hinter Türen, die verrammelt
Auf den Teller kommt
Soll´s essen
Und nicht fragen
Soll´s vergessen

Riechst Du, wie die Milch versauert
Weil der Transport länger dauert
In den Becher kommt
Soll´s trinken
Und nicht fragen
Soll´s doch stinken

Schmeckt´s Dir noch bei Speis und Trank?
Oder macht´s Dich langsam krank?
Willst Du Dich noch so ernähren?
Oder Dich dagegen wehren?

Lebens-Mittel gibt´s zu Haufen
Für den Zweck, der gestern war
Das System ist abgelaufen
Überschritten, unhaltbar

Anmerkung:
Anlässlich eines Gammelfleischskandals

102. Mobilmachung

Wert
mehrt
verkehrt
fährt
teert
Straßen.

Geld
bestellt
Feld
hält
Welt
auf Achse.

Kapitalismus auf Rädern.

103. Winterwärts

Es ist Herbst, die Ernte wartet
Und auch der Staat trägt seine Frucht
Es ist Herbst, die Ernte wartet
Im ganzen Land herrscht wieder Zucht

Es ist Herbst, die Blätter fallen
Und auch der Staat stirbt langsam ab
Es ist Herbst, die Blätter fallen
Der ganze Wald hält uns auf Trab

Es ist Herbst, der Winter naht
Und ungefällt der ganze Staat
Wartet
Auf die Axt

104. Die "Chain Gang" vorm Supermarkt

Chemnitz - Kürzlich machte der Minister für Arbeit und Erholung einen Vorschlag, wie man Langzeitarbeits-lose sinnvoll zum Nutzen der Volksgemeinschaft anwenden könnte. In unserer konsumorientierten Gesellschaft sollte man den Dienst direkt am Kunden leisten, sagte er der Presse. So könnte man Hartz-IV-Positive als mietbare Einkaufsträger anstellen und in dieser Stellung auch anketten. Das Prinzip sei einfach und dem herkömmlichen Modell der Einkaufswagen zu entnehmen. Die Delinquenten stehen in Reihe hintereinander und sind an einer Kette mit dem Vordermann verbunden. Die Hand- oder Fußfessel löst sich bei Entrichtung eines Euros, der in die dafür vorgesehene Öffnung (an der Fessel) gesteckt wird. Nach erfolgtem Einkauf und Wiederankettung wandert der Euro wieder in die Tasche des Käufers. Es handelt sich also gewissermaßen um Body-Leasing zum Nulltarif. Natürlich kann es vorkommen, dass der Einkaufsträger bis zur Wohnung des Kunden mitgenommen wird und dann sich selbst überlassen bleibt. Feldjäger müssten dann die herrenlos gewordenen Dummies wieder einsammeln und ihrer Bestimmung zuführen. Ein weiterer Nachteil ist auch der etwas größere Platzbedarf, da sich die Mietlinge (noch) nicht ineinanderschieben lassen. Auch Schlange stehen müsste wieder antrainiert werden. Selbst bei Ostdeutschen ist das kasernensozialistisch eingeübte Stehvermögen zurückgegangen, bemängelte der Minister. Aber noch haben die rollenden Drahtgeflechte den 1-Euro-Job sicher. Wie lange noch?

105. Auf den Weg gebracht

Die Unterschicht nimmt Unterricht
Doch ihr fehlt die Übersicht
Erste Klasse, zweite Klasse
Dass man nicht den Zug verpasse
Erst gefordert und gefördert
Dann beordert und befördert
Ganz abgelenkt, ganz abgehängt
Halb ausgegrenzt, halb eingeschränkt

Ross und Reiter fahr´n die Schiene
Und verziehen keine Miene
Agenda 20.., Hartz-Reform
Doch Niedriglöhne sind die Norm
Erst gefordert und gefördert
Dann beordert und befördert
Bloß abgestimmt - betriebsbedingt -
Wie zugestimmt so durchgewinkt

Die Oberschicht macht Überschicht
Doch ihr fehlt der Unterricht

106. One

One Team
One Voice*

One Hate
One State

One Mind
One Fuck

One IBM

Anmerkung:
*Slogan meines Arbeitgebers

107. Wir im God Mode

Monolog
Conti/Loch/nuität

Musik

Erste Stimme:
"Yeah, I feel you too
Feel, those things you do
In your eyes I see a fire that burns
To free the you
That's wanting through..."

Bewusstseinsveränderung...geht das auch ohne Drogen?
Nicht immer, manchmal braucht es auch Werbung
Aber eine die sich von selbst verbietet
Die nicht den Absatz einer Ware fördert
Kurz:
VERSCHWINDE VON HIER

Also:
Lass die Worte im Kopf kreisen
Lass die Worte Wurzeln schlagen
Greif zu
Und vor allem
Greif an!

Und Patrick,
Ganz cool
Lass Dich nicht durch die rote Farbe verwirren
Da steht: EXIT
Der grüne Ausgang ist es, der in die Videothek führt

Du seufzt...Warum?

...

Du bist nicht religiös?!
Nein?!
Die Religion war der Seufzer der bedrängten Kreatur,
das Gemüt einer herzlosen Welt,
wie sie der Geist geistloser Zustände war.
Sie war das Opium des Volkes.

Und heute?

Ach das ist ganz individuell; manche schreiben Gedichte, lesen Bücher, hören Musik, schauen Filme...

Arbeiten?

Das...tun sie alle.

(Zeit vergeht?)
Habe ich Dir schon von dem 83'er Debütalbum von Metallica erzählt. "Kill 'Em All" ist eine Kampfansage...

Zweite Stimme unterbrechend:
"That's right
Let's dance!"

<u>Anmerkung:</u>
Inspiriert von B.E. Ellis, EXIT! Metallica, den üblichen Verdächtigen

108. Gelinkt

Wenn die
Kranken
Banken
Wanken
Kommt das System an seine
Schranken

Und auch die
Linken
Die nun
Winken
Schminken
Sich die Klinken

Also lenkt
Wie Ihr denkt
Dies' Paket sei euch geschenkt -
Milliarden stehen hinter Euch!

109. Prosperos Nachfahren

Der Wind bläst sanft von Ost nach West
Ein Todeshauch überwindet Mauern
Vereint den König mit den Bauern
Lädt sich ein zu unserm Fest

Die Menschen tanzen wild im Traum
Maskierte sind sie, Gärtner, Koch
Vereint unter brüderlichem Joch
Auch im schwarz-rot-goldnen Raum

Wer ist die grausige Gestalt
Die uns hat in der Gewalt
Die die scheußlich' Maske trägt?

Es ist unsere Vergangenheit
Die uns einholt mit der Zeit
Und für uns die Stunde schlägt

110. Realpoesie

Realsozialismus: tot.
Realwirtschaft: krank.
Realpolitik: grausam.

Hässlich.

111. Ver-Billig-Ung

Billig-Flug nach Billig-Buch
Im Billig-Web nach Billig-Such.

Billig-Job mit Billig-Lohn
Für Billig-Ess und Billig-Wohn.

Billig-Brot zu Billig-Fleisch
Billig-Wohlstand, Billig-Reich.

Billig-Sex, auch Billig-Vögeln
Im Billig-Bett, auf Billig-Möbeln.

Auf Billig-Leb kommt Billig-Sterb
Billig-En - mein Lieblingsverb.

112. Kinderreim fürs Altersheim II

Denken Dichten Schreiben Lesen
Reden Hören Taub und Stumm
Schrubber Hader Schaufel Besen
Wer nicht mitmacht der ist dumm

Arbeit Freizeit Urlaub Leben
Tempo Tempo Saus und Braus
Kaufen Zahlen Nehmen Geben
Wer nicht mitmacht der ist raus

Banken Beben Kurse Krise
Teufel Fressen Fliegen Not
Aktien Schulden Haben Miese
Wer hier mitmacht der ist tot

113. Wahl-Fang-Methode

Vor der Wahl: Mäuse mit Speck fangen.
Nach der Wahl: Katze aus dem Sack lassen.

114. Die Brücke

(Kafkas "Die Brücke" aus der Sicht des Wanderers)

Ich war noch nass und mir war kalt als ich an einem Sommertag meinen Berg bestieg. Außer mir verirrte sich nie jemand hierher; es gab weit höhere Berge mit schöneren Blicken. Als Wanderstab diente mir eine eiserne Strebe, die ich am Rande eines Forellenbaches fand, wohl von einem Geländer stammend. Über dem Bach hing nämlich eine Brücke, die sich in schwindelerregender Höhe mit dem Nachbarberg verband. Sie sollte das Ziel meines Aufstiegs sein.

Und die Brücke zu erreichen war schon immer meine Sehnsucht gewesen. Ich weiß nicht, wie oft ich es schon versuchte, doch nie gelang es mir, meinen Fuß auf sie zu setzen. Immer wieder kam ich vom Wege ab, dem ich doch nur nach oben folgen musste. Bei sengender Hitze und klirrender Kälte stieg ich Tag um Tag, Meter um Meter, doch fand ich die Brücke nicht - ging ich denn im Kreis? Manchmal träumte ich, ich hätte sie endlich nach einem langen, kräftezehrenden Marsch erreicht; völlig außer Atem stehe ich auf ihr, taumele und fasse nach dem Geländer. Aber in demselben Augenblick schrecke ich erschöpft und schweißgebadet aus dem Schlaf und schreie.

Doch heute fühlte ich wie in mir neue Kraft erwuchs. Vielleicht lag es an dem provisorischen Wanderstab, der mich stützte und meine Schritte gerade hielt. Hoffnung keimte in mir auf - welch ein Hochgefühl. Deutlich kerbte der Weg seine Spur in den Berg, auf dem ich vorwärtsstürmte - atemlos. Alle Sinne waren klar. Hörte ich etwa das Rauschen eines Baches?! Und siehe da vorn der Abgrund und da ... die Brücke! Festen Schrittes ging ich auf das Bauwerk zu. Wie hypnotisiert schaute ich in das Tal; ein seltsam vertrauter Anblick: das reißende Wasser umspülte die scharfkantigen Steine und bildete endlose Verwirbelungen. Ein heftiger Rückenschmerz holte mich in die Wirklichkeit zurück. Der Berg fordert seinen Tribut, dachte ich; da merkte ich, dass ich mitten auf dem Brückenbogen stand - dieser schwankte gefährlich. Vorsichtshalber legte ich mich bäuchlings auf die Brücke und wurde eins mit ihr. Als ich mich schließlich umdrehte, sah ich in die geheimnisvolle Dämmerung am Abendhimmel.

115. Wasser marsch! Die Köpfe qualmen.

Tropft der Tropfen tropfenweise?
Und wenn ja, bringt er das Fass zum Überlaufen
oder fällt er auf einen heißen Stein?

Können wir mit offenen Mündern,
die Blicke zum Himmel gerichtet,
die Sintflut aufhalten?

Wann kommt endlich der Bademeister
und verweist den Zauberlehrling
in das Nichtschwimmerbecken?

Kann man ohne sich nass zu machen
den Pelz waschen,
wenn man ihn zuvor ablegt?

Wäre das Kind auch in den Brunnen gefallen,
wenn man einen Schutzschirm aufgespannt
und als Abdeckung angebracht hätte?

Inwieweit wirkt der Weichspüler
dem Härtegrad des Wassers entgegen?

Anmerkung:
Inspiriert durch Anne Will's Money Talk rund um den Euro in ihrer Sendung.

116. Auf tönernen Füßen

Letzte Weltmacht, USA
Du bist auch bald Geschichte
Die Füße aus Eisen und aus Ton
Die Krise im Gesichte.

Dein Dollar regiert die Welt nicht mehr
Der Kurs kann nur noch fallen
Der Stein, er rollt schon ungebremst
Wird an die Füße knallen.

Ich seh' etwas, was Du nicht siehst
Manchmal noch ganz verschwommen
Dann bete ich des Nachts zu Gott:
"DEIN Königreich soll kommen."

Anmerkung:
Inspiriert durch das Titelthema des Spiegels 44/2010 "Die verzweifelten Staaten von Amerika" und Daniel 2.

117. Marx macht sein Testament

Marx, die Bibel vor Augen, ringt um den Einstieg in sein "Kapital"

Geschrieben steht: "Im Anfang war das Wort!"
Zwischen zwei Menschen besteht es fort.
Doch brüchig ist es oft, ganz gleich
Erst später kommt Justitias Reich.
Aber worauf gründet Nation und Staat?
Ich sollte schreiben: Im Anfang war die Tat!
Schon Arbeit war das Schöpfungswerk
Und Arbeit versetzt auch manchen Berg.
Doch halt! Was regiert denn diese Welt?
Muss es nicht heißen: Im Anfang war das Geld?
Der Mammon ist jetzt unser Gott,
D e r Teufel treibt mit uns sein' Spott.
Geld als Erscheinung - so könnt' man's lesen,
Doch was ist des Pudels Kern gewesen?!
Das wird zuallererst geklärt.
Drum schreib' ich jetzt: Im Anfang war der Wert!

Anmerkung:
Goethes "Faust" meets Marxens "Kapital"

118. G-W-G'

Geld-**W**elt **G**ellt:
Gare **W**are, **G**are!

119. Fight Club

Es ist immerhin leichter, wenn die Gewalt ein Gesicht hat,
das von der Wand im Klassenzimmer herabblickt,
in das man schlagen kann, wenn man seiner überdrüssig wird.
In der Demokratie sind einem beinahe die Hände gebunden;
hier muss man sich selbst ins Gesicht schauen/schlagen.

120. Renn um dein Leben

Ich träume...

Wir rennen. Die Zeit drängt und die Sekundenzeiger unserer Uhren schieben uns vor sich her. Wir können nicht anders. Im Kleinkindalter geht es schon los - wir lernen laufen. Schamhaft blicken wir - "Mami, ich bin schon groß" - dann zurück, als wir noch krabbelten, auf allen vieren, und doch nicht recht vom Fleck kamen. Dann in der Schule wird uns das ABC des Laufens beigebracht: Arme anwinkeln, Oberkörper leicht nach vorne neigen, den ganzen Körper einsetzen. Und selbst wenn wir alt sind und unser Bewegungsradius auf Tablettengröße geschrumpft ist, werden wir das Gelernte doch nie vergessen haben. Aber jetzt sind wir noch fit - also rennen wir. Erst rennen wir einzeln, dann in kleinen Gruppen, schließlich in der breiten Masse. Wir rennen nicht nur zum Bus, der vor unserer Nase die Haltestelle verlassen will. Wir rennen nicht nur beim Essen, um das Nützliche mit dem Notwendigen zu verbinden. Wir rennen bei jeder Gelegenheit - weil wir es können. Und der Weg ist das Ziel - wohlgemerkt: der kürzeste Weg. Denn es geht doch immer um Effizienz. Hindernisse gibt es nicht. Sollte sich ein Hindernis vor uns auftun, z.B. ein Ozean, werden wir in bester Forrest-Gump-Manier auf der Stelle drehen und in entgegengesetzter Richtung davoneilen. Denn es ist gesellschaftlicher Konsens: Leben heißt Rennen. Wir sind dafür schon biologisch geschaffen worden; der ganze Organismus strotzt vor Bewegung. Der Puls rennt. Die Gedanken rasen. Alles fließt. Stillstand bedeutet Tod. Ist nicht das ganze Universum Ausdruck einer gottgegebenen Bewegung?! Und noch etwas wird jeder vernünftige Mensch bestätigen können: Beine sind besser als keine. Wobei die gesellschaftliche Norm bei zwei Beinen liegt. Auch die politischen Parteien fühlen sich dem verpflichtet, indem sie durch die Bank propagieren: "Wir machen euch Beine!" So schrieb auch Joschka Fischer sein Epochenbuch "Mein langer Lauf zu mir selbst" - er hätte kürzer sein können, aber immerhin. Ein paar andere Radikalinskis fordern "Beine hoch!" und treffen damit nicht mal bei Rollstuhlfahrern auf Verständnis. Also rennen eigentlich alle, auch wenn einige es nicht praktizieren können, aber mit den Gedanken sind sie dabei. Und das zählt ja auch schon - der gute Wille. Und so kann mach auch beim Fernsehen, rennende Menschen beobachten. Aus dem Radio hören wir die schnellen Schritte der rastlosen Menge. Die Gespräche der Menschen drehen sich rund ums Rennen. Selbst der Schlaf wird nur als kurze Unterbrechung zwischen zwei Renntagen gesehen...

Ich wache auf. Um mich herum hetzen Menschen. Ich denke an Luther, eine Legende: Hier stehe ich, ich kann nicht anders, Gott helfe mir, Amen.

121. Das Elend der Individualität im Kapitalismus

Form mit Inhalt
Im Dutzend
In der Verpackung.

So gleicht ein Ei dem anderen.

Da muss schon Ostern kommen,
Um sie unterscheiden zu können.

Leider sind sie dann innen hohl.

Form ohne Inhalt
Wie ausgeblasen
Und aufgehangen.

122. stalking jesus

follow me, follow you
police, facebook, who is who
vote for me, vote for you
party people in the zoo
click it on
check it out
what the hell you think about:
jesus never comes again?

123. Dienstleistungskommunistisches Manifest

Hat man hohen Haaransatz
Für paar Haare noch 'was Platz
Oder hat man einen Scheitel
Mal links, mal rechts, man ist nicht eitel
Kennt man dann noch weitre Typen
Die arbeitslos* in der Gosse liegen
Dafür hab' ich 'nen Masterplan**:
"Proletarier aller Länder,
Seid nicht bescheiden,
Lasst euch gegenseitig die Haare schneiden!"

Anmerkung:
* alternativ: ungekämmt
** alternativ: Marshallplan
Dazu noch gewaschen und rasiert klappts vielleicht auch wieder mit 'nem (richtigen) Job, so Kurt Beck.

124. Dienst zweier Herren

(oder: Nullsummenspiel mit Schatzbildung)

so wie die dinge wandern
kommt meist 1 zum andern
im kreise dreht sich dieser lauf
ich mach' hier mal die rechnung auf:

```
-1 für kaufen
+1 verkaufen
---ergibt--------
=0 nur mit G'WINN

-1 für geben
+1 für nehmen
---ergibt--------
=0 mit G'TT im sinn
```

im ersten fall erscheint der MARKT
der alles reguliert
im zweiten fall hat dann die MACHT
eine HÖHERE, die regiert

(G-STRICH hab ich bei marx geklaut
und auch bei andern juden
denn alles was uns heilig ist
davor soll man sich sputen)

<u>Anmerkung:</u>
Matthäus 6:19-21, 24

125. Ver(b)beugung vor dem Wähler

Ich folge.
Du folgst.
Er folgt.
Sie folgt.
Es folgt:
Wir sind das Folg.
Ihr folgert:
Sie folgen.

126. Die Qual (nach) der Wahl

Wählt, damit ihr bleibt
Wo* Ihr seid
Und alles wie es ist
Oder geht hinaus
Aus dem Sklavenhaus
Weil ihr es besser wisst

Wer mit Yeshua geht
Der macht sich frei
Von dem, was Menschen sagen
Wer bleibt
Dem ist das einerlei
Und empfängt am Ende Plagen

127. Glaube

Yeshua* stieg zum Himmel auf
Er wird dort nur kurz bleiben
Er hatte wieder mal ein Date
Schaut runter, was sie treiben

Sie bauen sich 'nen Gottersatz
Sie wandeln nur durch Schauen
Denn nur das was man fassen kann
Dem wollen sie vertrauen

Dies Handwerk hat nun Tradition
Wir singen ihre Lieder
Auch wenn 's keiner mehr für möglich hält
Yeshua kommt bald wieder

Manch einer kennt** Yeshua schon
Doch gibts noch Blinde, Taube
Sie sind bei Sinnen, doch sinnlos:
Es rettet uns der Glaube

<u>Anmerkung:</u>
* alternativ: Mose
** alternativ: (an)erkennt
Der Apostel Thomas steht gewissermaßen als Bindeglied zwischen den alten Israeliten und den "neuen Christen".
Exodus, Lukas 7:50, 17:19, Johannes 20:24-29, 2 Korinther 5:7

128. Babylon 2000 A.D.

Europa werkelt an ihrem Turm
Das Ziel: Wohlstandsvermehrung
Sie steht fest auf dem Fundament
Gebaut auf einer Währung

Die Geister in ihr sind nicht eins
Auch die Niveaus verschieden
Es gibt Streit in ihrem Innersten
Bei Leibe keinen Frieden

Sie ist die Frau mit weiter Sicht*
Oder wäre es wohl gerne
Sie sieht nicht mehr besonders gut
Nur noch in weite Ferne

•

Verwirrt schaust du an dir herab
Verführt vom Gott der Welt
Das Auge blickt ganz ungläubig
Deine Ordnung, die zerfällt

129. Wenn dein Nächster auf der Strecke bleibt

Es war Sonntagmorgen als ein Polski Fiat auf einer Landstraße neben der B1 kurz vor Dortmund im Straßengraben liegen blieb. Der polnische Fahrer hatte sein Auto überladen; er wollte wieder etwas Hausrat in sein deutsches Quartier in der Nähe seiner Arbeitsstelle bringen und in einer engen Kurve kam er von der Fahrbahn ab. Ratlos stand er am Straßenrand. Da kam ein Auto mit Dortmunder Kennzeichen DO-JC 777 heran. Da die Familie in dem Fahrzeug aber pünktlich in der Kirche sein wollte, fuhren sie vorbei. Kurz darauf fuhr ein BMW mit CDU-Aufkleber an der Heckscheibe vorüber. Der Fahrer hatte es eilig zu einer Parteiversammlung zu kommen. Schließlich hielt ein Auto mit heraushängenden BVB-Schals an. Dem entstiegen vier junge Männer, die zu einem Spiel bei Hertha BSC unterwegs waren. Während zwei sich dem Fiat widmeten, versuchte einer sich mit dem Polen verständlich zu machen; einer rief mit seinem Smartphone einen Abschleppservice an. Mit Hilfe des Pannenfahrzeugs konnte der Polski Fiat dann aus dem Straßengraben gezogen werden. Da der Pole nur ganze 20 Euro in der Brieftasche hatte, legten die vier Fußballfans das Geld für den Pannendienst zusammen und nach einer kurzen Überprüfung des Autos konnte der Pole die Fahrt vorsichtig fortsetzen.

130. Zweierlei Samen

Ich war in der Finsternis und alles was ich sah, war:
Geld heckendes Geld.

Auf meinem Weg blendete mich ein Licht und ich sah:
Leben spendendes Leben.

131. Berufung

Schuster, bleib bei deinen Leisten.
Fischer, bleib in deinem Boot.
Über's Werk wisst ihr am meisten.
Euer Beruf bedeutet Tod.

132. Auf Missionsreise

Alle Wege führ'n nach Rom!
Nach Salem führt nicht einer?
In Babylon ist Endstation.
Weiter führt hier keiner.

133. Fast Nacht

Welcher Gott schrieb auf zwei Tafeln
FREIHEIT und DEMOCRACY?
Und wer liegt im Totenwagen?
Ich denk, du errätst es nie.

Und die Narren auf den Straßen,
Spielen mit, was Gott geschenkt*.
Und der Joochen** für die Massen,
Wird veräppelt - abgelenkt.

Deutschland, Deutschland
Deine Führer
Deutschland, Deutschland
Deine Br(a)ut

Deutschland, Deutschland
Nie Verlierer
Deutschland, Deutschland
Wer sich traut...

<u>Anmerkung:</u>
*Dorothea = Gottes Geschenk, gemeint Angela Merkel
**Joachim (Gauck)
Inspiriert durch Brechts „Anachronistischer Zug" und einem Rosen-Montags-Wagen

134. Mastermind

```
SAINTS     ooo
GIANTS     ooo
CHANCE     xx
CHANGE     xx
CHARGE     xxo
CHURCH     xxo
------
??????     xxxxxx
```

Anmerkung:
Kognitives Training: Heute mal Mastermind mit Buchstaben. Ein x bedeutet: Buchstabe ist im Wort vorhanden und an der richtigen Position, ein o bedeutet: ein Buchstabe hat die falsche Position. Was heißt das unter dem Strich?

135. A beautiful mind

Fahre Achten
In den Sand
In die Wiese
In den Asphalt
Bis sie fällt -
Unendlichkeit

Anmerkung:
Szene aus dem Film mit Russell Crowe

136. Corpus Delicti

Geld brennt sich in meine Stirne
Wägt den Apfel mit der Birne
Fallen beide weit vom Stamm
Schüttle ich mit Wut daran

Geld drückt sich in meine Venen
Aufgezogen mit den Genen
Wächst es über sich hinaus
Zum Schuldenturm im Hinterhaus

Geld gebt ihr mit vollen Händen
Füße können nicht mehr wenden
Ist euch Wurzel/Fundament
Wenn ihr euren Gott bekennt

137. OXI

LEICHENDRANG, oh LEICHENDRANG,
was soll nur aus dir werden
es stinkt im lande schon sehr lang,
wir werden dich beerden

die fäulnis steckt uns alle an
da helfen keine pillen
die marktflora im untergang
du kriegst jetzt deinen willen

steig vom olymp beim gipfeltreff
sonst kommen wir dich holen
du bist ein schurke alá chef
du hast uns nur bestohlen

wir treiben dich ins mittelmeer
man siehts schon(,) ganz verschwommen
auf der reise ohne wiederkehr
da wird dein ende kommen

<u>Anmerkung:</u>
LEICHENDRANG in der Buchstabenfolge etwas umgestellt und man kommt auf das Land, das uns in der EU solche Probleme macht.

138. Asylpolitik

Glückselig bin ich auf der Insel
Im Wasser hört man das Gewinsel
Kommt nicht an Land, ihr Ratten

Ich mache meine Grenzen dicht
Mauern versperren mir die Sicht
Wie wir sie schon 'mal hatten

Nur ich mach' Urlaub an dem Strand
Ich bin noch nicht ganz abgebrannt
Und gehör' noch zu den Satten

Geld gibt es doch wie Sand am Meer
Wenn ich nur der Besitzer wär'
Ich baute Burgen wie ein Kind
Umspült von Wasser und von Wind
Dort würd' ich euch bestatten

139. Weltmeisterliches in der Fluchtbewegung

Unser Sport heißt Export
Und grenzt schon an Massenmord

140. Titanics

Die Ratten verließen das Boot
Es sank, sie waren in Not
Sie kamen an Bord
So war es kein Mord
Denn uns alle holte der Tod

141. Sie kommen!

Verschifft und verfrachtet
Und in vollen Zügen
Wie in Containern
Ausgeliefert
Überwinden sie Grenzen
Um zu Geld zu kommen

Deutsche Waren auf der Flucht

142. Die gerechte Waage

Gott reicht uns die Hände.

In seiner rechten Hand hält Gott seinen Segen
Ich sage seinen, als gäbe es nur einen
Doch sind es viele, eine ganze Legion
Und könntest du sie abzählen an seiner Hand
Oh, wie viele segnende Finger wären das wohl?

In seiner linken Hand hält Gott seine Flüche
Ich sage seine, und wie ich es meine
Ist, dass Gott straft nach seinem Maß
Aber nicht mit einem gerüttelten und geschüttelten
Überfließend geht nur die Liebe des Vaters hervor.

So lässt Gott nun die Hände sinken.

Er streckt die eine Hand zu uns herunter
Und zieht doch gleichzeitig die andere zurück
Niemals halten seine Hände die Balance
Weil Gott nicht unentschieden ist.

Unsere Hände, unser Handeln sind das Zünglein dafür
Dass die eine oder andere Waagschale über uns ausgegossen wird.

Anmerkung:
Sprüche 16:11, 5.Mose 11:26 ff.; 30:1 ff., Markus 5:9, Lukas 6:38

143. Wartet auf Immanuel!

Ein Dialog von Gott mit Adam

An einem Abend im kühlen Wind
Wandelnd im Garten, den er ersann
Denkt Gott an das Menschenkind
Und sich ein Gespräch entspann:

Gott:
Wo bist du, Adam?
Wo bist du, Eva?
Wo seid ihr(?)
Mit euren Gedanken?

Adam:
Wir sind im Mischwald
Von Gut und Bös'
Wo Bäume wanken
Dornen ranken
Vögel zanken
Und alle kranken
Und verhassten Tiere
Rauben statt Glauben
Dieben statt Lieben
Morden mit Worten
Schaden durch Taten!

Gott:
Hab ich euch nicht gezeigt
Und auch gegeben
Segen und Leben
Wein und Reben
Wirken und Weben?

Adam:
Wir haben uns hier nur versteckt
Dann angesteckt und ausgeheckt
Dass wir nur einen Arzt hier brauchen
Der uns heilt und auch verweilt
Und wir genesen statt verwesen!

Gott:
Das könnte euch so passen
Soll ich von dem Plan jetzt lassen
Dass ihr kommt in meinen Wald
Ja, ich helfe euch, aber bald
Schon schicke ich euch meinen Sohn
Der führt euch dahin, wo ich wohn!

Adam:
Ja, bitte führe uns hier heraus
Entweder bist DU MIT UNS
Oder es ist mit uns
Aus!

Gott:
Amen!
Und wenn ihr befreit
Dann bei mir seid
Und wenn ich dann frage:
Wo bist du, Adam?
Wo bist du, Eva?
Wo seid ihr?, so sage:
Wir
Sind hier
Bei dir!

Adam:
Ja, Vater. Auf bald.

Anmerkung:
Matthäus 1:23, 1.Mose 3

III. Wächterrufe gegen Sirenengesänge

Die Reise nach Jerusalem ist nicht immer eine gerade Bahn auf das Ziel hin. Gerade wenn es gesellschaftlich um den Erhalt oder die Schaffung von Arbeitsplätzen geht, erfindet das System immer wieder neue Methoden und Mittel, die Statistik zu schönen und die Krisen abzumildern, natürlich nur um den Preis noch viel größerer Krisen in der Zukunft. Wie bei der Odyssee betören immer wieder die Sirenen der Politik, der Wirtschaft und der Medien die Reisenden, um ihnen vorzugaukeln, dass doch alles in bester Ordnung sei. Gegen diese verführerischen Stimmen schrieb ich meine Wächterrufe. Da ich diese Gedichte auf Facebook veröffentlichen wollte und ich sie aber von KeinVerlag aus nicht teilen konnte, machte ich Screenshots davon, die ich mit einer schwarzen Umrandung versah. Wie ich später festgestellt habe, sahen die Bilder aus wie Todesannoncen in der Tageszeitung. Ich greife auch einige Themen meiner älteren Gedichte auf und schreibe eine Fortsetzung.

144. Von der Theologie zur Praxis

Die Theologen
haben die Schrift
nur verschieden interpretiert,
es kömmt darauf an,
sich zu verändern.

Anmerkung:
Abwandlung der 11. Feuerbachthese

145. Die Summe aller Lehre

```
+Isaac sucks.    (1. Mose 21:7)
+Jacob sucks.    (5. Mose 32:13)
+Zebulun sucks,
+Issachar sucks. (5. Mose 33:19)
---------------------------------
=Torah sucks.
```

Anmerkung:
Richtigstellung: Lasst uns die Summe aller Lehre hören: Fürchte Gott und halte seine Gebote; denn das macht den ganzen Menschen aus. (Prediger 12:13)

146. Bleiben und Lassen

Bleib wie du bist.
Bleib deinem Lieblingsverein treu.
Bleib deinem Musikgeschmack treu.
Bleib deiner Fernsehserie treu.
Bleib deinem Leibgericht treu.
Bleib deinem Kleidungsstil treu,
na gut, du musst schon ein bisschen
mit der Mode gehen, also sei da flexibel.
Bleib deinem Ehepartner treu,
also das heißt, du musst nicht,
fühl dich nicht gezwungen.
Wenn es dir nicht mehr passt,
schnapp dir deine CD-Sammlung
und hau einfach ab.
Nur, bleib am Leben.
Bleib am Puls der Zeit.
ODER
Bleib in IHM
und ER bleibt in dir
in Ewigkeit.

Anmerkung:
Johannes 6:56; 15:4-7, 1.Johannes 2:6,27-28; 3:6,9,24; 4:13,16

147. Wer A sagt, muss auch B sagen

A: WIR sind das Volk!
B: WIR sind mehr!
A: WIR sind die 99 Prozent!
B: WIR bleiben mehr!
C: Aber nicht mehr lange!

Anmerkung:
Kurzes Streitgespräch zwischen A und B, unterbrochen von einem Zwischenrufer.
Lösung: C - Matthäus 7:13-14

148. Menschenfischer, systembedingt

Es mussten erst ein paar Jahrhunderte ins Land gehen.
Jetzt heißt es: Sieh zu, dass du Land gewinnst.
Dann ist erstmal Land unter und kein Land in Sicht.
Also träumst du von einem Land, so unbegrenzt wie möglich.
Hoffst du darauf, dass dich dort jemand an Land ziehen wird?

Anmerkung:
Matthäus 4:18-22; 13:47-52, Markus, 1:16-20, Lukas 5:1-11

149. Fridays for Future?

Eine Robinsonade

Erleiden die Fridays nicht gerade Schiffbruch,
um zu uns auf die Insel zu kommen?
Wollen wir die jungen Wilden nicht hier im Mutterland bekehren
und zu anständigen Christenmenschen erziehen?
Aber wer soll sie lehren?
Wir etwa?
LOL!

150. Die Schuld hat System, das System hat Schuld

Der Mensch schreit (nach): Entschuldigung!
Satan erwidert lachend: Keine Ursache!
Yeshua zum Menschen: ICH VERGEBE DIR!

Im Geldsystem gefangen, häuft der Mensch unendlich viel Schulden an (wenn es ewig laufen würde und auch wenn er sich keiner Schuld bewusst ist),
die er nicht aus eigener Kraft tilgen kann.
Auf der Jagd nach dem Erlös verfehlt er das eigentliche Ziel: Erlösung.
Denn unser Messias will aus Schuldnern Gläubige(r) machen.

Anmerkung:
5.Mose 15:1-11, Matthäus 6:12-15; 18, 21-35, Lukas 7:36-50

151. SELBSTverbuchung

Ach, was waren wir für unbeschriebene Blätter damals,
weiß und makellos.
In der Schule hat man artig sein Sprüchlein aufgetragen
(bekommen)
und schon dabei hat die Tinte arg gekleckst.
Mit Löschpapier hat man dann unsere Tränen
getrocknet.
Aber das Blatt wendet sich, nicht erst seit '89.
Nur das Poesiealbum ist nie aus den Kinderschuhen herausgekommen.

Unsere eigene Haut sollten wir schließlich zu Markte tragen.
Das was uns da landschaftlich blühte, war Gerberei,
aber ein Tattoo an der richtigen Stelle verschönerte unsere Qual.
Klar, unsere Seiten sollen auch bebildert sein.

Und nun halten wir das Ganze noch für die Ewigkeit fest.
Sagt nicht ein Selfie mehr als 1000 Worte?
Bild dir deine Meinung!
Alles, was wir jetzt
haben und teilen,
haten und leiken,
steht auf Facebook.

Jetzt sind wir längst beschrieben und
an der Grenze der Kapazität angelangt und
kommen gar nicht mehr so unschuldig daher.
Da hilft eigentlich nur noch ein
FORMAT C:
- Tabula rasa

Anmerkung:
Yeshuas "Album": 2.Mose 32:30-35, Psalm 69, Offenbarung 3:5; 20:11-15; 21:27

152. For whom the bell tolls

In Gedenken an Matthias und den 10.07.2019

Herr, ich suche deine Ruhe
fern vom Getöse dieser Welt.

Manchmal muss man dafür auf den Friedhof gehen
und an einer Beerdigung (an)teilnehmen.
Um zur Besinnung zu kommen,
die Stille zu spüren.
Abzuschalten.
Selbst das Handygebimmel verstummt so
für eine geschlagene Stunde,
nur Totengeläut weht von der Kirche herüber,
wie ein Klingelton aus der Cloud.
Die Vögel dagegen schalten nicht in den Flugmodus.
Für die Großen gibt es heute kein Bankett,
und die Kleinen twittern lieber von den Bäumen,
singen ein Ständchen.

Also lasst uns, die wir lebendig sind,
das Tote in unserem Leben begraben.
Statt einer weißen Rose,
schmeißt das Smartphone ins Grab.
Besuche lieber deinen Bruder,
sei an seiner Seite, solange er lebt.
Pflege keine "virtuelle Gemeinschaft",
dieser postmodernen contradictio in adjecto.
Im toten Winkel einer Webcam
könnte eine Gefahr für deinen Nächsten lauern.

Niemand ist eine Insel, in sich ganz;
jeder Mensch ist ein Stück des Kontinents,
ein Teil des Festlandes.
Wenn eine Scholle ins Meer gespült wird,
wird Europa weniger,
genauso als wenn's eine Landzunge wäre,
oder ein Landgut deines Freundes oder dein eigenes.
Jedes Menschen Tod ist mein Verlust,
denn ich bin Teil der Menschheit;
und darum verlange nie zu wissen,
wem die Stunde schlägt;
sie schlägt dir selbst.

Time's running out.

Anmerkung:
Erste Zeile: Martin Pepper, Auge im Sturm
Letzte Strophe: John Donne, Meditation XVII
Johannes 5:20-29

153. Fluchtreflexlon

Don't Panic!

Anmerkung:
Keine Panik auf der Titanic! Arbeit ist für alle da!

154. Eine wahre Odyssee

Reiz(wort)verarbeitung

Lieber Flüchtling, bitte geh'
Wir verfolgen auch eine Idee
Wir helfen dir mit Rat und Tat
Und zeigen dir einen Spagat:

Statt in ferne Länder schweifen
Tu das Glück vor Ort ergreifen
Bis zum Zugang zu dem Meere
Kommt dir niemand in die Quere

Wenn wir uns in Armut kleiden
Brauchst du uns nicht mehr beneiden
So alle Sinne dir vergehen
Wie das Hören und das Sehen

Wenn's dir aber noch nicht passt
Dann binden wir dich an den Mast
Und bieten dir 'ne Kreuzfahrt an
Wo man für Geld noch fahren kann

Mit Wein, mit Weib und mit Gesang
Geht's nah an den Sirenen lang
Das Werben können wir nicht lassen
Wirst du uns dafür auch hassen

Und ist die Reise überstanden
Auf der dir kurz die Sinne schwanden
Mit Schätzen wollten wir nicht geizen
Doch kommt es oft zu Fehlanreizen

Die kennen wir als Deutsche schon
Wo wir hier noch als Bürger wohn'
Sie halten uns noch in der Spur
Und sind ein Mittel für die Kur

Bei Hartz IV und Autobau
Tierhaltung unter aller Sau
In Pflege und in Medizin
Spüren wir es in den Knien

Doch wir werden tapfer aufrecht stehen
Und wenn die deutschen Fahnen wehen
Überkommt uns dann ein leichtes Zittern
Wir harren aus
In Stahlgewittern*

Anmerkung:
*Nerven wie Stahl/Gewitter im Anzug, Ernst Jünger meets Angela Merkel

155. Bergpredigt

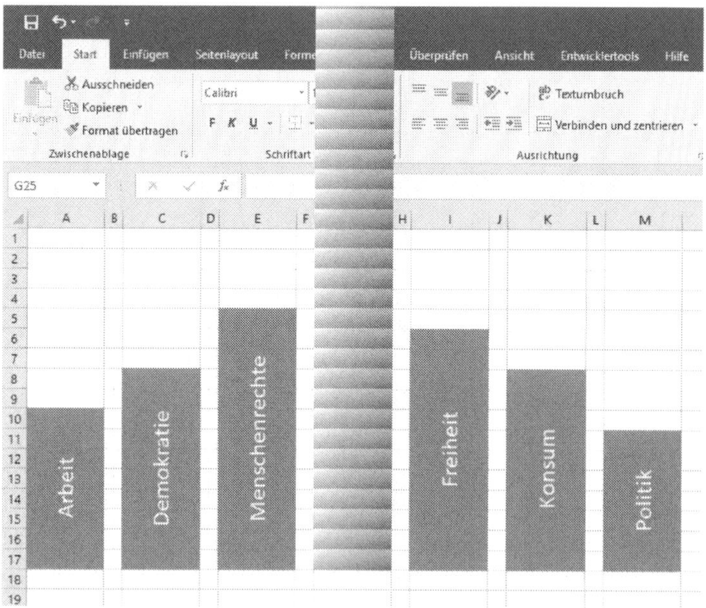

Himmelsleiter inmitten von Fehl-Tritten (keine Menora ;-)

Auf der Spitze der Berge
Sehen wir unten die Zwerge
Sie räuchern auf ihren Hügeln

Von Demokratie und von Freiheit
Sie verdien' unser Beileid
Es fehlt ihnen noch an den Flügeln

Wir beobachten ihr Treiben
Sie wollen klein bleiben
Sollten wir unsere Zunge nicht zügeln?

Doch sie würden nicht(s) hören
Also werden wir stören
Und sie mit den Worten prügeln

Anmerkung:
1. Mose 28:10-22, Sprüche 23:31-35, Jesaja 2:2-5, Jeremia 16:16-21, Micha 4, Offenbarung 6:14-17

156. Befürworter vs. Fürsprecher

Es gibt nur zwei Lager:
JA- und NEIN-Sager.
Also, wem wollen wir küren?
Der Thron soll gebühren...
JA!
Die Krone(,) der Schöpfung, UNS
als Befürworter von:
- Alternativen für Deutschland.
- Freitagen für die Zukunft.
- Freie Fahrten für freie Bürger.
- Wohlstand für alle.
- Arbeit für alle.
- Grundeinkommen für alle.
- Freibier für alle.
- Ehe für alle
- ... und Gerechtigkeit für alle.
Alles für alle,
alle für alles?

NEIN!
Die Krone, dem Schöpfer, IHM
als Fürsprecher, denn:
Einer für alle,
alle für einen!

Anmerkung:
Jesaja 59, Johannes 11:49-52, Römer 5:8, 1. Petrus 2:21; 4:1-2, 1. Johannes 2:1-2; 3:16

157. Geldrätsel

Kryptogramm für eine Währung:
Unlösbar für den Menschen,
für das System: kein Ding.

```
   APP
+ COIN
------
=LIBRA
```

Anmerkung:
Matthäus 19:26, Markus 10:27, Lukas 18:27

158. Durch Mangel zur Erkenntnis

Ma_r_x Revolutions, Teil 1

Lese das "Gleichnis vom verlorenen Sohn" (eigentlich von den beiden verlorenen Söhnen) in Lukas 15:11-32.
Wie findet man zu Gott? Gott findet dich!
Vor 2000 Jahren kam sein Sohn auf die Erde. Jesus durchschaute und kritisierte das religiöse System jener Zeit und prüfte die Herzen. Er wollte die Juden zurück zum wahren Glauben führen. Jesus sprach und aß mit den selbstgerechten Pharisäern und Schriftgelehrten ("den älteren Brüdern/Söhnen"), aber auch mit den Zöllnern und offenkundigen Sündern ("den jüngeren Brüdern/Söhnen").
Jesus gab ihnen kein neues Gebot, er zitierte nur das Gesetz des Mose, das "Schma Israel" (5.Mose 6:4-9) und 3.Mose 19:18 und legte den Kern der Worte Gottes frei:
"Und Jesus sprach zu ihm [einem dieser Gesetzesgelehrten, der ihn nach dem größten Gebot fragte]: »Du sollst den Herrn, deinen Gott, lieben mit deinem ganzen Herzen und mit deiner ganzen Seele und mit deinem ganzen Denken«. Das ist das erste und größte Gebot. Und das zweite ist ihm vergleichbar: »Du sollst deinen Nächsten lieben wie dich selbst«. An diesen zwei Geboten hängen das ganze Gesetz und die Propheten."
(Matthäus 22:37-40, Markus 12:29-31)
Doch die Obersten des Volkes verwarfen ihn als ihren König, sie kannten nur noch den römischen Kaiser (Johannes 19:15).
1800 Jahre später gab sich der junge Karl Marx, selbst jüdischer Abstammung,

keinen Illusionen über die preußische Regierung hin. Der Stechschritt der NVA hätte auch ihn noch das Fürchten gelehrt. Marx kritisierte völlig zurecht das System der Arbeitsverwaltung mit seinen Institutionen, den Zucht- und Armenhäusern, den Irren- und Verwahranstalten. Er widerlegt die ganzen Nationalökonomen wie Smith und Ricardo auch wegen der angeblichen Sparsamkeit der kapitalistischen Produktionsweise und spottet über diese ganze Veranstaltung:
"Akkumuliert, Akkumuliert! Das ist Moses und die Propheten!" (Karl Marx, "Das Kapital", Bd. I, MEW 23)
Das Doppelgebot der Liebe, wie es uns unser Messias aufgibt, wandelt der Gott dieser Welt laut Marx in ein einziges Gebot um, noch dazu reduziert auf ein einziges Wort, welches er nur lapidar zu wiederholen vermag. Es meint das Anhäufen von Kapital, Waren, Reichtum und Elend. Leider sah Marx nicht den Ausweg darin, die Elenden auf die Quelle ihrer Erlösung zurückzuverweisen, sondern entwarf seine "Ersatztheologie": Proletariat statt Jesus. Das Ziel waren die Futtertröge der Macht, das Ergebnis die "Verhausschweinung der Arbeiterklasse" (Robert Kurz). Und jetzt kann man sich die Schoten schmecken lassen.
Und was ist das Fazit für heute, nach dem Blick in den Rückspiegel? Es gibt nur einen Weg, den Weg zurück zum Vater. Da gibt es Musik und Tanz, aber nicht um das Kalb - das wird geschlachtet.
Mögen die Apologeten des Systems heulen und mit den Zähnen knirschen. Wir werden die Welt überwinden und ewiges Leben gewinnen. Schon jetzt!

Anmerkung:
Jesaja 5:13, Hosea 4:6, 2. Korinther 4:1-6

159. Der Staat als Wegbereiter des Antichristen

Ma_r_x Revolutions, Teil 2

Marxens Rezension "Zur Judenfrage" und Antwort auf Bruno Bauer beginnt mit den Worten über die damalige Situation der Juden in Deutschland:
"Die deutschen Juden begehren die Emanzipation. Welche Emanzipation begehren sie? Die staatsbürgerliche, die politische Emanzipation."
Ohne auf die folgende Argumentation über den Gegensatz von christlichem Staat und jüdischer Religion einzugehen, zeigt sich die Geisteshaltung der religiösen Juden. In der Exilzeit in Babylon, unter der Regentschaft von Rom haben die Juden ihr göttliches Erbe und Auserwähltsein bewahrt. Nun scheinen sie bereit, auf dem Altar von Teilhabe und Mitsprache diesen Status aufgeben zu wollen. Erst der Nationalsozialismus sollte diesen Bestrebungen ein jähes Ende machen, nachdem sich die jüdischen Soldaten noch im 1. Weltkrieg genauso das Eiserne Kreuz verdient hatten wie ihre Landsleute. Doch Gott bewahrte die Juden davor, ihre Identität zu verlieren und nutzte dafür, wie in der ganzen Heiligen Schrift aufgezeichnet, die Heidenvölker, um sein Volk zu züchtigen. Der neu erwachte Glaube an die Rückkehr ins Gelobte Land, das partielle Ende der Diaspora, kostete Millionen Juden das Leben, was natürlich keinen Freispruch für ihre Mörder bedeutet.
Marx kommt zu der Schlussfolgerung:
"Wir müssen uns [Deutsche/Christen] selbst emanzipieren, ehe wir andere [Juden] emanzipieren können."
Die Auflösung des Gegensatzes sieht Marx in der Aufhebung der Religion, was bleibt sei die Wissenschaft und die verbindet beide Seiten. Der politischen Emanzipation der Juden und Christen setzt er die menschliche Emanzipation von der Religion, ja letztendlich vom Staat, gegenüber, denn
"[d]ie Religion ist eben die Anerkennung des Menschen auf einem Umweg. Durch einen Mittler. Der Staat ist der Mittler zwischen dem Menschen und der Freiheit des Menschen. Wie Christus der Mittler ist, dem der Mensch seine ganze Göttlichkeit, seine ganze religiöse Befangenheit aufbürdet, so ist der Staat der Mittler, in den er seine ganze Ungöttlichkeit, seine ganze menschliche Unbefangenheit
verlegt...Der politische Staat verhält sich ebenso spiritualistisch zur bürgerlichen Gesellschaft wie der Himmel zur Erde."
Der Schriftgelehrte Marx hat sicher die formelhafte Ausübung der Traditionen, die Rituale seiner Vorväter abgelehnt, da sie ihm wohl keinen Sinn vermitteln konnten (sein Vater selbst konvertierte zum Protestantismus wegen Berufsverbot), aber er erkannte in seiner Auseinandersetzung mit der Religion nicht Jesus Christus, den Religionskritiker par excellence. (Eine Beschneidung im

Fleisch kann die Beschneidung im Herzen eben nicht ersetzen.) Das Christentum beruft sich noch heute auf den Sohn Gottes als Stifter ihrer Religion, und wundert sich, warum es seine Kinder an die Welt verliert. So wird es weiterhin Kompromisse machen, um den Massen ein seichtes Evangelium darzubieten, das seine Schäfchen wieder einfangen will, das aber nicht nährt und vor allen Dingen, das nicht rettet.
Bruno Bauer schreibt in seiner Schrift:
"Die Politik, wenn sie nichts als Religion sein soll, darf nicht Politik sein, sowenig, wie das Reinigen der Kochtöpfe, wenn es als Religionsangelegenheit gelten soll, als eine Wirtschaftssache betrachtet werden darf."
Die Waschungen von Krügen und Bechern und damit das Halten der Überlieferung der Alten hat Jesus den angeblich Gesetzeskundigen längst vorgeworfen (Markus 7). Diese Praxis, diese Religionsausübung, soll nicht Sache des Staates sein, nicht Sache der Wirtschaft, sie gehört komplett über Bord geworfen.
Marx weiter:
"Die Trennung des »Geistes des Evangeliums« von den »Buchstaben des Evangeliums« ist ein irreligiöser Akt. Der Staat, der das Evangelium in den Buchstaben der Politik sprechen läßt, in andern Buchstaben als den Buchstaben des heiligen Geistes, begeht ein Sakrilegium, wenn nicht vor menschlichen Augen, so doch vor seinen eigenen religiösen Augen. Dem Staat, der das Christentum als seine höchste Norm, der die Bibel als seine Charte bekennt, muß man die Worte der heiligen Schrift entgegenstellen, denn die Schrift ist heilig bis auf das Wort. Dieser Staat sowohl als das Menschenkehricht, worauf er basiert, gerät in einen schmerzlichen, vom Standpunkte des religiösen Bewußtseins aus unüberwindlichen Widerspruch, wenn man ihn auf diejenigen Aussprüche des Evangeliums verweist, die er »nicht nur nicht befolgt, sondern auch nicht einmal befolgen kann, wenn er sich nicht als Staat vollständig auflösen will«. Und warum will er sich nicht vollständig auflösen? Er selbst kann darauf weder sich noch andern antworten."
Der Sanhedrin, der Jesus ablehnte und hinrichten ließ, hat seine römische Ausprägung im (christlichen) Staat gefunden. Die Pharisäer und Schriftgelehrten konnten auf die Lehre von Jesus am helllichten Tage nicht antworten und schließlich verstummte er vor ihnen bei Nacht. Wollen wir Jesus als König und Erlöser anerkennen, brauchen wir nicht erst den Staat abzuschaffen versuchen. Sollen doch diesen Punkt die Marxisten, Anarchisten, Libertären und die vielen anderen Konzeptbastler in ihre Programme schreiben. Es wird nicht gelingen.
Der Antichrist braucht für seine Machtübernahme den Staat auch nicht korrumpieren, er ist sein ureigenstes Produkt. Auch Nietzsche sieht im Staat nur den neuen Götzen, der das Volk verführt. Aber nicht Gott ist tot und es geht auch nicht mehr das Gespenst des Kommunismus um in Europa, sondern der Leichnam der abstrakten Arbeit und seines Regimes flüchtet aus seiner natio-

nalen Verankerung hin zu einer totalitären Weltregierung. Totalitär muss sie sein, weil die immanenten Widersprüche auf dem Boden der kapitalistischen Produktions- und Lebensweise nicht mehr demokratisch verhandelt werden können (es ist schon jetzt nur noch Simulation und Beschäftigungstherapie der politischen Klasse). Das "Menschenkehricht" in den letzten Tagen, wie die Juden damals, wird eher einem Menschenmörder wie Barabbas zujubeln und ihn freilassen, als seinen Erlöser erkennen.
Marx schreibt:
"Das religiöse und theologische Bewußtsein selbst gilt sich in der vollendeten Demokratie um so religiöser, um so theologischer, als es scheinbar ohne politische Bedeutung, ohne irdische Zwecke, Angelegenheit des weltscheuen Gemütes, Ausdruck der Verstandes-Borniertheit, Produkt der Willkür und der Phantasie, als es ein wirklich jenseitiges Leben ist. Das Christentum erreicht hier den praktischen Ausdruck seiner universalreligiösen Bedeutung, indem die verschiedenartigste Weltanschauung in der Form des Christentums sich nebeneinander gruppiert, noch mehr dadurch, daß es an andere nicht einmal die Forderung des Christentums, sondern nur noch der Religion überhaupt, irgendeiner Religion stellt [...]. Das religiöse Bewußtsein schwelgt in dem Reichtum des religiösen Gegensatzes und der religiösen Mannigfaltigkeit."
Und genau das wird auch die religiöse Ausrichtung dieses Eine-Welt-Ladens sein. Soll doch jeder seinen eigenen Gott mit in die Kirche - also, religionsgegendert, in den Sakralbau oder das Gotteshaus - bringen, im Pantheon ist genug Platz für alle. Und wehe, es setzt jemand den eigenen Götzen über den eines anderen.

Auf das schizophrene Verhältnis von Staatsbürger ("citoyen") und Mitglied der bürgerlichen Gesellschaft ("bourgeois") gehe ich nicht weiter ein.

Fortsetzung folgt.

160. SEIN Wort ist Gesetz

Sag deinen Spruch auf,
Christ!
Sprich dein Gebet,
Christ!
Wie schön du Gottes Wort zitieren kannst,
Christ!
Und doch bist du blind,
Weil du Verslein für Verslein aneinanderreihst -
Es sind aber Paragraphen!

161. Bild dir keine Meinung!

Bürger: Ich bin für die Meinungsfreiheit!
Gesetz: Nein, die verbiete ich dir!
Bürger: Was darf ich denn dann noch sagen?
Gesetz: Die Wahrheit!*
Bürger: Die ist subjektiv!
Gesetz: Nein, objektiv!
Bürger: Das ist deine Meinung!
Gesetz: Nein, es ist die allgemeine Meinung!**
Bürger: Und die Meinung der Minderheit zählt nicht?
Gesetz: Wir leben in einer Demokratie!
Bürger: Und Minderheiten werden nicht geschützt?
Gesetz: Ich diskriminiere niemanden!
Bürger: Das heißt, du behandelst alle gleich?
Gesetz: Ja!
Bürger: Lügner!
Gesetz: ...
Bürger *tritt das Gesetz mit Füßen.*
Gesetz *verhängt Ausnahmezustand.*
Sklave: Ich ergebe mich!
Gesetz: Gut. Du bist übrigens in der Überzahl.
Sklave: Das heißt, ich darf mich frei äußern?
Gesetz: Erzähl so viel du willst.

<u>Anmerkung:</u>
Inspiriert durch #saveMeinungsfreiheit
Philipper 3:20
*Hier sollten sich Christen angesprochen und ermutigt fühlen.
**Im System gibt es subjektive und objektive Wahrheiten, das Gesetz kann nicht differenzieren. Die Bibel offenbart die absolute Wahrheit.

162. Scripted Reality

Der Matrix ihre Fußball-App

"Marmor, Stein und Eisen bricht
Aber unsere Liebe nicht
Alles, alles geht vorbei
Doch wir sind uns treu."*

Ob nun die Liebe
dritt- oder erstklassig
ist, es ist doch nur
Spiel und Inszenierung.

```
90 minutes of fun
15 minutes of fame
 2 minutes of hate
Love is being late?**
```

Anmerkung:
+++Eindruck vom Spielplatz im Zeißigwald+++in der Nähe ein Lobpreisgottesdienst im Stadion+++Heimmannschaft liegt hörbar 0:1 zurück+++die Pausenmusik ist gerechtfertigt+++
*Drafi Deutscher
** 1. Johannes 4:19

163. Mainhattan everywhere!

Die Welt als Globales Potemkin'sches Dorf

Aus
Bankfurt
Wurde
Krankfurt
Aber heute
Liegt
Mainhattan
Voll am
Mainstream

164. GOD is ONE

Metallica's ONE retold

I can remember everything
Can tell this is not true nor a dream
They talk about how life could be
But YOUR promises are keeping me

Now that the life is through with me
I'm waking up, And I can see
That there is not much left of me
Nothing is real but YOUR love

Give me breath as I wish to stay
Oh great GOD, awake

Back in the womb it's much too real
In pumps life that I must feel
But I'm happy that YOU'VE revealed
Rejoice forever I'll live

Fed from YOU, LORD, who is leading me
Just a newborn novelty
Freed from machines that make me be
I lay down my life for YOU

Give me breath as I wish to stay
Oh great GOD, awake

So the world has gone mad, but I stay
Oh GOD, praising YOU
Give me breath as I wish to stay
Oh great GOD, praising YOU

Brightness got me out of jail
Now all I see
Absolute glory
CHRIST is to live
Gain is to die
Setting me free
Spirit of truth my guide

MY LORD has given me life
Given me sight
Given me hearing
Given me speech
Given me arms
Given me legs
Risen me from the dead

Anmerkung:
Isaiah 49:8-9; 61:1-3, Matthew 11:5, Luke 4:18-19, Philippians 1:21
The Matrix (film), latin "womb"
Thanks to Sylvia Hall for reviewing!

165. Der Jude als Produkt und Hassobjekt der bürgerlichen Gesellschaft

Ma_r_x Revolutions, Teil 3

Marx führt in seiner Schrift "Zur Judenfrage" zu dem Thema der Emanzipation der Juden in Bezug auf Bruno Bauer weiter aus:
"Welches ist der weltliche Grund des Judentums? Das praktische Bedürfnis, der Eigennutz. Welches ist der weltliche Kultus des Juden? Der Schacher. Welches ist sein weltlicher Gott? Das Geld. Nun wohl! Die Emanzipation vom Schacher und vom Geld, also vom praktischen, realen Judentum wäre die Selbstemanzipation unsrer Zeit."
Unzweifelhaft outet sich hier Marx als Kind seiner Zeit, in dem er das bürgerliche Ressentiment gegen den "Geldjuden" zum Besten gibt. Aber woher kommt diese gedankliche Verbindung von dem Schacher und dem Geld mit der - man muss schon sagen - "Funktion" des Juden? Nicht erst im Spätmittelalter finden sich in den Köpfen judenfeindliche Positionen vor, so etwa bei Luther in seiner Schrift "Von den Juden und ihren Lügen". Nur zu gern konnten sich die Nazis auf ihren geliebten Reformator beziehen und den modernen An-

tisemitismus zur Staatsräson erheben. Aber die Trennung von Christen und Juden besteht schon seitdem das Christentum zur Staatsreligion des Römischen Reiches erhoben wurde. Die Weigerung der Zünfte und Gilden, die Juden ein handwerkliches Gewerbe ausüben zu lassen, sowie der Ausschluss vom landwirtschaftlichen Grundbesitz führte sie in die verachtete Sphäre der Handels- und Geldgeschäfte, von der Lumpensammlerei bis zum Geldverleih. Der zunehmende Geldhunger war aber durch die Installation des Staates und seiner Apparate und Armeen und durch die Durchsetzung der kapitalistischen Produktionsweise bedingt. Das darauf abgerichtete "Menschenkehricht" führt diese dunkle, versteckte und unverstandene Art der Vergesellschaftung auf eine fremde Macht zurück und halluziniert eine jüdische Weltverschwörung herbei. In der Endkrise wird der Hatespeech gegen die Rothschilds, gegen Banker und Spekulanten wieder salonfähig.
Wird das Eingangszitat aus dem ganzen Text gerissen und nicht weiterverfolgt, könnte man auf die Idee kommen: Wollen wir uns vom Geldsystem befreien (oder verkürzt von der "Zinsknechtschaft"), lasst uns die Juden ausrotten und die kaputte Welt wird wieder ganz und heil werden. Aber dies wäre nun Antisemitismus in seiner reinen Ausprägung, vom braven Arbeiter sicher abgewehrt, aber immerhin im Bereich des Denkbaren (und das ist schon das Grauenvolle, denn diese Denke kann in der Krise abgerufen werden).
Also müssen wir weiter am Text bleiben:
"Eine Organisation der Gesellschaft, welche die Voraussetzungen des Schachers, also die Möglichkeit des Schachers aufhöbe, hätte den Juden unmöglich gemacht."
Und das unterscheidet eben Marx von einem klassischen Antisemiten. Es ist nicht so, dass der Jude mit seinem Geld die Gesellschaft organisiert. Anders herum, die bürgerliche Gesellschaft erzeugt den Juden, den Juden im Juden und den Juden im Christen.
Marx: "Der Jude hat sich auf jüdische Weise emanzipiert, nicht nur, indem er sich die Geldmacht angeeignet, sondern indem durch ihn und ohne ihn das Geld zur Weltmacht und der praktische Judengeist zum praktischen Geist der christlichen Völker geworden ist. Die Juden haben sich insoweit emanzipiert, als die Christen zu Juden geworden sind."
Wie schnell der Wechsel vom Kaufmann (Juden) zum Pastor (Christen) und zurück vonstattengeht, dazu zitiert Marx Beaumont:
"Der, den ihr an der Spitze einer achtbaren Kongregation seht, hat als Kaufmann angefangen; da sein Handel gescheitert war, ist er Geistlicher geworden; ein anderer hat mit den Priesteramt begonnen, aber sobald er eine bestimmte Summe Geldes zur Verfügung hatte, die Kanzel mit dem Schacher vertauscht. In den Augen einer großen Mehrzahl ist das geistliche Amt tatsächlich eine gewerbliche Laufbahn."
Marx weiter:
"Das Judentum hat sich nicht trotz der Geschichte, sondern durch die Ge-

schichte erhalten. Aus ihren eignen Eingeweiden erzeugt die bürgerliche Gesellschaft fortwährend den Juden. Welches war an und für sich die Grundlage der jüdischen Religion? Das praktische Bedürfnis, der Egoismus."
Die bürgerliche Gesellschaft hat gerade den Eigennutz, das Privatinteresse, als höchstes Ziel emporgehoben. Wenn jeder Marktteilnehmer sein ureigenstes Interesse verfolgt, wird wie durch eine unsichtbare Hand geführt, dem allgemeinen Interesse gedient - so die Mär der Wirtschaftslehre. Und so ist es auch völlig aussichtslos, die Umweltverschmutzung durch die Marktkräfte beseitigen zu wollen, denn das hieße, den Bock eine weitere Amtszeit in das Gartenamt einzusetzen.
Marx stellt fest:
"Das Geld ist der eifrige Gott Israels, vor welchem kein andrer Gott bestehen darf. Das Geld erniedrigt alle Götter des Menschen - und verwandelt sie in eine Ware. Das Geld ist der allgemeine, für sich selbst konstituierte Wert aller Dinge. Es hat daher die ganze Welt, die Menschenwelt wie die Natur, ihres eigentümlichen Wertes beraubt. Das Geld ist das dem Menschen entfremdete Wesen seiner Arbeit und seines Daseins, und dies fremde Wesen beherrscht ihn, und er betet es an. Der Gott der Juden hat sich verweltlicht, er ist zum Weltgott geworden."
Marx kennt natürlich den "eifersüchtigen" Gott der Bibel, sieht aber bei seinen Landsleuten nur den "eifrigen" Gott Israels in ihren Herzen. Und nicht nur die Juden dienen dem Mammon, die ganze Welt hat sich diesem Gott unterworfen. Alle Menschen sind zu Geldsubjekten geworden, alle ihre Güter sind Waren geworden.
Selbst der Mensch ist eine Ware. Alles hat seinen Preis. Es gibt kein Ding mehr, dass man nicht in einem Quantum von Geld ausdrücken kann.
Ist nun aber das Geld der Gott der Bibel? Natürlich nicht! Es ist ein Götze, ein menschengemachter Gott, den man als Einzelner überwinden kann. Dem sich treue Nachfolger Yeshuas entweder nie hingegeben haben, oder dem sie den Rücken gekehrt haben.
Paulus warnt uns: "Es ist allerdings die Gottesfurcht eine große Bereicherung, wenn sie mit Genügsamkeit verbunden wird. Denn wir haben nichts in die Welt hineingebracht, und es ist klar, dass wir auch nichts hinausbringen können. Wenn wir aber Nahrung und Kleidung haben, soll uns das genügen! Denn die, welche reich werden wollen, fallen in Versuchung und Fallstricke und viele törichte und schädliche Begierden, welche die Menschen in Untergang und Verderben stürzen. Denn die Geldgier ist eine Wurzel alles Bösen; etliche, die sich ihr hingegeben haben, sind vom Glauben abgeirrt und haben sich selbst viel Schmerzen verursacht." (1. Timotheus 6,6-10)
Was ist nun das Fazit für die Menschen im 21. Jahrhundert? Das Bibelwort sagt, dass man nicht zwei Herren dienen kann: "Ihr könnt nicht Gott dienen und dem Mammon!" (Matthäus 6,24; Lukas 16,13) Gott und Geld sind nur in

der bürgerlichen Gesellschaft ein und dasselbe. Nicht umsonst steht auf der Dollarnote "In God we trust". Als Gläubige in Yeshua müssen wir differenzieren zwischen dem wahren Schöpfer von Himmel und Erde, dem Gott der Bibel, und seinem Widersacher, Satan, der die ganze Welt verführt. Die Begierden und Wünsche, die dieses System in uns wecken will, sind abzuweisen. Unser Meister wurde in der Wüste versucht, geben wir also den noch im System gefangenen Menschen die richtige Antwort. Nutzen wir unsere vielfältigen Talente, von denen eins auch Segen mit materiellen Dingen sein kann, für das Reich Gottes. Und auch dabei müssen wir uns entscheiden: Salben wir Yeshua die Füße oder verkaufen wir das Salböl auf dem Markt, um den Erlös den Armen zu geben, statt ihnen den Erlöser zu zeigen (Matthäus 26,6-13, Markus 14,3-9, Johannes 12,1-8).
Die Verbindung von Jude und Geld sollte man sich aus dem Kopf schlagen. Aber da das Geldsystem durch den Menschen nicht überwunden werden kann und in ihren Köpfen diese Hassliebe weiterbesteht, wird der Antisemitismus weiterhin fröhliche Urständ feiern. Bis da der kommt, Maranatha.

166. Rum wie num un um n Nischl rum

Wider das Vergessen und andere Einfälle

Das System ist am Ende,
Wir sind die Wende.
Wir sind am Ende,
Das System ist die Wende.

Repeat.

Anmerkung:
Zusammenfassung einer Pro Chemnitz-Demo

167. Bipolare Störungen im Ausgedienten Römischen Reich

OST/WEST
STAAT/MARKT
IDEOLOGIE/RELIGION
DIKTATUR/DEMOKRATIE
WIN/WIN

Na?!
Wird dir schon schlecht?
Die Mauer existiert
Doch nur in deinem Kopf.
Du gehörst zu den Siegern
Der Geschichte!
Also freu' dich.
Solche friedlichen Revolutionen
Sind doch 'was Schönes.
Die tun keinem weh.
Und bist du dieser Tage erregt,
So empfehle ich dir
"Zur Beruhigung"
Heinrich Heine.

Süße Träume!
Und wenn du aufschreckst
Bei den letzten Worten:
"römische Mördergrube",
Auch diese Worte sind
Ein Jahrhundert später auf dem
Scheiterhaufen gelandet.

Wir sind doch keine Römer.
Genau, die Juden haben Christus
Ermordet. Und Christen* haben
Unser Rom in Brand gesteckt.
Wir, sind Deutsche!

•

Müssten wir heute nicht
Als Saulus Christus folgen
Und als Paulus die
Abgefallene Gemeinde
Ver-Folgen?

Aber wer will da schon
Auf Missionsreise gehen?!

Die Christenverfolgung
Trifft wohl immer die falschen,
Also die richtigen.

Das ist schon ziemlich verstörend,
Oder?
Bipolar, eben.

168. EUreka und Das archimedische Prinzip

Das archimedische Prinzip

Die Philosophie muss erst baden gehen,
um die Wahrheit zu entdecken.

EUreka

Auftrieb für das Spiel der Griechen
Der Deutsche tut den Braten riechen
Konfuzius siehts in Harmonie
Der Pokal ist echt
Auch ganz gleich,
Wie.

<u>Anmerkung:</u>
Inspiriert von den Monty-Python-Sketch „Internationale Philosophie"

169. Fußball vs. Philosophie

Der Unterschied?
Im Fußball muss man zum Abschluss kommen,
in der Philosophie zum Ende.

170. Jesus in uns

Jesus, HERR:
Wenn man keinem Menschen folgt,
Dann folgt der eigenen Stimme.
Wenn ihr dem Gedanken folgt,
Dann folgt und ICH gewinne.
Ich, Knecht:
Wir haben die Wahl jeden Tag,
Wir müssen nichts entscheiden.
Die Stimme zählt, die Stimmung schwankt,
Im Grunde dienen wir beiden.

Anmerkung:
Und die Toten dürfen gern an der Urne(!) ihre Stimme abgeben...Wer hat das jetzt gesagt? ;-)

171. Märchen für Erwachsene/Kinder

Für Hans und Greta

Ich:
Kinder an die Macht
Bis die Sonne lacht
Und sie wieder scheint
Und der Himmel weint

Jesus:
Apropos Wein,
Von mir könnt ihr Weisheit kaufen
Statt den Wein der Alten saufen
Eure Alten - 1, 2 Elter
Treten nur die alte Kelter

Ich:
Ok, Intelligenz ist auch 'was wert
Wenn man AUTOnom so fährt
Künstlich ist ja auch das Licht
Politisch heißt das: Fahren auf Sicht

Jesus:
Wohin soll denn die Reise gehen?

Ich:
Ja, das werden wir schon sehen!

Jesus:
Wenn du da bist, schick 'ne Karte!

Ich:
Kommst du nicht mit? Aber warte...

Jesus:
Der Ofen dort ist vorgeheizt
Mit Kohle wird da nicht gegeizt
Der Hans, der muss zum Hänschen werden
Mit so 'ner Ahnung von Krisenherden
Und aus Greta wird ein Gretelein
Die parkt dann dort das AUTO ein
Schließt euren Kant noch in den Ofen
Aufklärer, Navi, Philosophen
Und auch die anderen Katastrophen
Denn die Klugen sind die Doofen

172. Der Weckruf

Liebe Römer
Lasst euch sagen
Die Stunde hat 12 Uhr geschlagen

Liebe Römer
Ihr sollt wissen
Unsere Lage ist beschissen

Bleibt ihr in Rom
Und folgt dem Dom
Kommt ihr um
Und das wär ...

Das wär ...
Hab ich doch das Wort vergessen!
Heureka!
Kommt ihr um
Dass wer tumm
Oder tum

Ne, wartet...
Alerta, alerta!
Hilf mir mal!

Ach, Quatsch!
Alexa!...

173. 5G nachts

12Uhr
1G
2G
3G
4G
5G

Im Tal der Ahnungslosen
saßen schon immer die Einäugigen.
Mittlerweile hat sich die Blindheit
über das ganze Land gelegt.

DD United
Dunkeldeutschland
Let this dark shine

174. Christlicher Porno

Protestanten und Katholiken
treffen sich zum Bibelficken*
Nimm den ganzen Rest dazu
Macht so weiter
Und ich guck zu

Anmerkung:
*Spruch in meiner Familie, DDR, 1980er Jahre

175. Zu_Liebe

Yeshua ist König

Willst du dem anderen gefallen,
Dann tue ihm einen Gefallen.
Daraufhin wirst du nicht fallen,
Sondern erhoben.

Anmerkung:
Matthäus 20:25-28; 23:11-12, Markus 9:35; 10:42-45

176. Die Rechnung ohne den Wirt

...in vier Worten ausgedrückt

Es klingt wie ein Spruch aus
längst vergangenen Tagen:
"Ihr seid so asozial!"
Der Gesang ist längst verstummt
und doch halt es noch von den Wänden,
schwitzen wir ihn aus allen Poren.
Aber "Achtung, Achtung...",
selbst das Megaphon der Autonomen
- *"Dies ist keine Übung!"* -
übertönt er noch um einen Stimmpegel.

Es handelt sich ja auch um einen Ernstfall,
dem Ernst des Lebens,
mit dem wir schon von Kindesbeinen an
bekanntgemacht wurden.
Und heute frage ich mich:
Haben wir uns selbst verflucht
oder nur die Studierenden*,
Deutschland,
den ganzen "verdammten" Rest der Welt?

Es ist bitter, die Wahrheit so ausgesprochen zu hören.
Müssten wir heute nicht statt
"Wir sind das Volk!"
rufen
"Wir sind so asozial!"
?

Wir waren (wie) Brüder damals,
zusammengewürfelt auf die Reise geschickt
und dann geschieden.
"Aber Gott würfelt nicht!"
Sehnsüchtig warte ich auf SEIN Reich,
in dem wir wieder vereint sein werden,
wenn DU es auch willst.

Anmerkung:
Erinnerung an meine Studentenzeit
*im Gegensatz zu uns "nachtaktiven" Studenten

177. Hiobs Overkill

Eine Systemnachricht:
"1000 neue Nachrichten."
Heißt das, du musst dich jetzt etwas nachrichten?
Oder musst du die Nachrichten etwas nachrichten,
Und willst du dich erst nach dem Richten richten?
Was heißt hier wollen?
Nachrichten! ist ein Befehl und Programm.

Anmerkung:
Gewidmet allen Nachrichtenjunkies on- wie offline.
Eph. 4:11-15

178. ER-Lösung

Kryptogramm:
Zehn Lösungen möglich.
Gesucht wird aber die Lösung,
bei der sich hinter der Zahl 2350
das Wesen Gottes verbirgt.

```
   OUR
+ LORD
+ SAVE
+   US
------
=JESUS
```

179. Philosophische Erfolgsgeschichte

Früher:
Ich weiß, dass ich nichts weiß.
Heute:
Nichts Genaues weiß man nicht.
Ergo:
Viele Philosophen verderben in der Gerüchteküche.

180. V/erben oder Was ein Tod uns bringt

```
      WELT:              GOTT:

                           I
               IM          M
  +   STERBEN           STERBEN
  -----------             EIN
  = EIN ERBEN             WER
                          BEN
```

181. Sie kommen (nicht mehr ganz so einfach)!

Freiheit scheint ein hohes Gut,
Wenn man so frei fahren tut.
Doch jetzt sind die Grenzen dicht,
Doch für Güter zählt das nicht.
Diese dürfen jetzt noch fahren -
Freie Fahrt für freie Waren.

Anmerkung:
Fortsetzung von → **Sie kommen!** vom August 2015

182. Toilettenpapier, stark nachgefragt

Endlich gehen die Kurse runter
Und der Spekulant wird munter
Kauft Papier für die Anlage
Sanitär- für seine Plage
Denn wenn es von der Rolle ist
Und man sich einfach nur verpisst
Legt man gern was Neues nach

Also, lasst sacken
Und geht bärisch mal
kacken

Anmerkung:
Fortsetzung von → **shit happens, mr. sin(n)** vom Juni 2005

183. Der Weg in die Freiheit

For whom the bell tolls

Weil ihr euren Erlöser nicht kennt,
Seid ihr Gefangene,
Verfangen in euren Sünden,
Ihr Todkranken.
Nur ein Virus/Dieb kann
Aus- und einbrechen.
Jesus ist die Tür.
Es gibt keinen anderen Weg.

Anmerkung:
Joh. 10:1-11; 14:1-6
Die (ER-)Lösung von → **Freiheit im Gefangensein** vom August 2005

184. Schwarzer Schwan

Mein lieber Schwan
Was warst du schwarz
Ich konnt' dich nicht erkennen
Dein' Namen habe ich oft gehört
Nur wollt' ich ihn nicht nennen

Nun seh' ich dich
Und spüre dich
Ich kann es noch kaum glauben
Jetzt begreif ich dich
Erkenne dich
Und spiele nicht den Tauben

Von Trauer ist jetzt keine Spur
Ich singe frohe Lieder
Ich staune und ich blicke nur
Auf schneeweißes Gefieder

Anmerkung:
Möge sich Jesus im Leben von noch ungläubigen Menschen offenbaren und zu einem Black-Swan-Ereignis führen.

185. Ich - Allein zu Haus

Ich hab' zwar einen Kleiderschrank
Der voll ist, und dafür Gott sei Dank
Bin ich doch noch längst kein Punk
Doch feier ich jetzt erstmal krank
Und mach 'ne läng're Pause
Allein bei mir zu Hause

Anmerkung:
Plan B zu → **Kinderreim fürs Altersheim** vom April 2005

186. Quarantine Now

40 Tage bis zum Heiligtum

Und ein großes Zeichen erschien im Himmel:
eine Frau, mit der Sonne bekleidet,
und der Mond unter ihren Füßen,
und auf ihrem Haupt eine Krone* mit zwölf Sternen.
Und sie war schwanger und
schrie in Wehen und Schmerzen der Geburt.
Und sie gebar einen Sohn, einen männlichen,
der alle Heidenvölker mit eisernem Stab weiden wird;
und ihr Kind wurde entrückt zu Gott und seinem Thron.
Und der HERR redete zu Mose und sprach:
Rede zu den Kindern Israels und sprich:
Wenn eine Frau schwanger ist und einen Knaben gebiert,
so soll sie sieben Tage lang unrein sein;
sie soll unrein sein wie in den Tagen,
an denen sie abgesondert ist wegen ihres Unwohlseins.
Und am achten Tag soll man das Fleisch der Vorhaut
[des Knaben] beschneiden.
Und sie soll 33 Tage lang im Blut ihrer Reinigung daheimbleiben;
sie soll nichts Heiliges anrühren und nicht zum Heiligtum kommen,
bis die Tage ihrer Reinigung erfüllt sind.

Anmerkung:
*spanisch "Corona"
Offenbarung 12:1,2,5, Leviticus 12:1,2,3,4 (Schlachter 2000)

187. Der Mensch, das Wirus

Deutsch:
Wir schaffen das.

English:
Yes, we can.

Anmerkung:
Täuscht euch nicht. Das Wirus ist gefährlich, nicht das Virus.

188. Metamorphosis

Wirt-schaf(f)t das nicht
Wir schaffen das
Wird alles nur nichts nützen

Mal sind sie schwarz
Mal sind sie grau
Werden unsre Flügel* stützen
Wir halten in
Wir stoßen an
Werden unsre Grenzen schützen

•

Unser "bunter" Schmetterling
Ist ein unstet Wetterding
Entpuppt sich jetzt als Raupe
Was bleibt ist euer Glaube

Der Glaube wird dann kriechen sein
Oder im Schlamme liegen
Wer sich aber verwandeln lässt
Kann über Wolken fliegen

Anmerkung:
*Märkte
Das "Wirus" durchlebt eine Metamorphose. Und macht den Weg frei zur eigenen.

189. Kloordnung

Hast du es mal wieder eilig
Denn der Ort, der ist dir heilig
Für Geschäfte Groß und Klein
Öffne die Tür und trete ein

Das Parkett ist meistens braun
Meistens unten, also down
Das Porzellan, das ist das weiße
Und darein muss die ganze Scheiße

Der Strick, der dort hängt an der Wand
Nicht für den Hals, sondern die Hand
Ziehst du nach dem Abschluss fest
Selbst wenn du auch nur Wasser lässt
Ist der Handel ausgesetzt
Und gab es kein Papier zuletzt
Kommt es zeitlich dann zu Spitzen
Reicht's die Sache auszusitzen

Hörst du später dann ein Klopfen
Tu Finger in die Ohren stopfen
Und singe dir ein schönes Lied
Bis das Problem vorüberzieht

Anmerkung:
Für den Betrieb in Börse, Bundestag und so weiter.

190. Der Letzte macht das Licht aus!

Für alle Bergmänner und -Innen

Endlich ist jetzt
Schicht im Schacht
Habt lange das
Schon mitgemacht
Jetzt aufgepasst
Und aufgewacht
Wenn ihr's nicht rafft
Dann Gute Nacht

191. Deutschland 0:1 Israel

Falsch:Wahr

Ich bin eine linke Zecke
Und liege stets im Drecke
Komm nicht recht vom Flecke
Doch jetzt aus meiner Ecke
Zeig ich was in mir stecke
Ich krabbel unter Decke
Ohne dass ich wecke
Mache euch zur Schnecke:
Deutschland, verrecke
Doch Israel muss leben
Mein Leben dafür geben
Gelobt sei unser Land
Das ohne Deutsch- bekannt
Wo Milch und Honig fließt
Und Regen sich ergießt
Der alles fruchtbar macht
Und Gottes Engel wacht

192. Geldregen

Schlange stehen
war gestern.
Schöne neue Welt -
Das Begrüßungsgeld
wird diesmal aus
dem Hubschrauber
geworfen.

193. Papier-Druck-Toiletten-Artikel

Hyper, Hyper, Inflation
I want to see you sweat

Ich bin von der Rolle
Und komm' was da wolle
Werd' lügen wie gedruckt
Auch wenn's euch nicht juckt
Seht ihr's schwarz auf weiß
Glaubt ihr den Scheiß
Auch wenn der Schein trügt
Und jede Zahl lügt
Bin ich euer Mittel
Und trage den Titel:
Geld

194. Etwas zum Runterspülen

Papierne
Angst
Nagt
Im
Klo

Anmerkung:
Fortsetzung von → **Krieg ist Frieden!** vom November 2004

195. God Arithmetics

20:20=1
(1-Aleph = Erster Buchstabe des Alephbets)
20*20=400
(400-Taw = Letzter Buchstabe des Alephbets)
20+20=40
(40-Mem = Wasser)
20-20=0
(0 = keinem Buchstaben zugeordnet)

Ich bin das
Aleph [1] und das Taw [400],
der Anfang und das Ende.
Ich will dem Dürstenden geben
aus dem Quell des Wassers [40] des Lebens
umsonst [0]!
Offenbarung 21:6b

Anmerkung:
Kontrollrechnung zu → **World Arithmetics** vom Juli 2004

196. Symbole der Freiheit

Oder: Wenn Bananen abführend wirken

1989
Bananen!

2020
Klopapier!

197. Früchte des Zorns, Früchte der Sanftmut

"An ihren Früchten
werdet ihr sie erkennen."

Der Baum
Wenn er trägt
Und alles erträgt
Erzielt Gewinn

Der Apfel
Wenn er fällt
Und niemand ihn hält
Nicht weit vom Stamm

Der Arbeiter
Wenn er nicht erntet
Bleibt er faul

Die Frucht
Wenn sie nicht eingebracht
Wird sie es ebenso

Anmerkung:
Jeremia 8:20, Hosea 6:11, Matthäus 9:35-38, Lukas 10:2

198. ein HERZ aus GOLD

Ein Läuterungsprozess

Das **GOLD** ist uns hold?
Das **GELD** regiert die Welt?
Der **HELD** der nie fällt?
Der **HERD** der Unruhe* wert?
Ein **HERZ** mit viel Schmerz!

Anmerkung:
*Geld als "Unruheherd"
Offenbarung 3:17-18a

199. Lauter die Blasen nie platzen

Ein (Schaum-)bad in der Menge

Bubble, Bubble, Bubble, Bubble, Bubble, Bubble, Bubble, platz
Bubble, Bubble, Bubble, Bubble, Bubble, Bubble, Bubble, platz
Es zersetzt sich der Schaum
Und aus ist der Traum

Bubble, Bubble, Bubble, Bubble, Bubble, Bubble, Bubble, platz
Bubble, Bubble, Bubble, Bubble, Bubble, Bubble, Bubble, platz
Den Kopf über Wasser
Halten, wird nasser

Bubble, Bubble, Bubble, Bubble, Bubble, Bubble, Bubble, platz
Bubble, Bubble, Bubble, Bubble, Bubble, Bubble, Bubble, platz
Man erhält den Befund
Und sieht bis zum Grund

Bubble, Bubble, Bubble, Bubble, Bubble, Bubble, Bubble, platz
Bubble, Bubble, Bubble, Bubble, Bubble, Bubble, Bubble, platz
Wir haben Sichtkontakt
Wir sind pudelnackt

Bubble, Bubble, Bubble, Bubble, Bubble, Bubble, Bubble, platz
Bubble, Bubble, Bubble, Bubble, Bubble, Bubble, Bubble, platz
Wenn's euch gefällt
Lernt schwimmen im Geld

200. Ein Strich durch die Rechnung

In Geld gedacht:
x Ware **A** = y Ware **B***

Ohne Geld gedacht:
A ≠ B

Nur in einem Geldsystem werden
Aepfel mit **B**irnen verglichen.

Anmerkung:
*Das Kapital, Band I

201. Fangesänge im End-Stadium

A
hüpfend und singend:
Wer nicht hüpft, der ist ein Nazi, hey, hey

B
hüpfend und singend:
Wer nicht hüpft, der ist ein Sozi, hey, hey

ICH
sitze und höre und überlege:
Wer hält die Fäden in der Hand?

202. Corona-Werbung

Zum Wohle unserer
Weltwirtschaft
Heute ein Corona -
Das neue Globabier -
In aller Munde
Und im Abgang
Unverzichtbar

203. Dank der Systemrelevanz

Zuerst konnte man danken
Den Banken, die da kranken
Jetzt könnte ich wetten
Den Betten, die da retten
Und ehe wir es merken
Den Särgen, die da bergen

204. Das Buch

Puhdys' "Das Buch" neugeschrieben

Stell dir vor, wir sind umgeben von einer Welt,
In der intelligente Wesen leben.
Sie sehen vielleicht genauso aus wie wir.
Und in dieser Welt gibt es Bibliotheken, voll mit Büchern,
Geschrieben von Dichtern, Informatikern und Wissenschaftlern,
Und vielleicht, wenn auf der Erde deine Liebe so sehr erkalten wird,
Dass nichts, aber auch nichts mehr dich retten kann,
Dann vielleicht gibt es dort auch ein Buch,
Das heißt: Die Austilgung deines Namens.
Es wird über dich berichten, über dein Leben, über deinen Tod
Und über Feuer, das so groß war, dass keine Tränen es löschen konnten
Bis hin zur letzten Sekunde, als du aufhörtest zu existieren.

Und aus Zehnmilliarden Augen ein Trauerregen rann
Und ein Tränenmeer, das überlief
Und den letzten Damm der Erlösung zerbrach.

Und aus Zehnmilliarden Augen ein Trauerregen rann
Und ein Tränenmeer, das überlief
Und den letzten Damm der Erlösung zerbrach.

Getilgt aus dem Buch des Lammes, das dein Leben war
Vergeudet und verachtet, unendlich weit am Ziel vorbei,
Für immer verloren.
Die Erinnerung verblasst und kein einziger Gedanke an dich,
Als hätte es dich nie gegeben.

Und aus Zehnmilliarden Augen ein Trauerregen rann
Und ein Tränenmeer, das überlief
Und den letzten Damm der Erlösung zerbrach.

Und aus Zehnmilliarden Augen ein Trauerregen rann
Und ein Tränenmeer, das überlief
Und den letzten Damm der Erlösung zerbrach.

Und weil ich will, dass kein Engel wieder weint,
Wenn du dich mit mir gegen diesen Tod vereinst,
Dann sorgen wir, dass dieses Buch niemals erscheint.

Denn die Zehnmilliarden Augen woll'n dich immer leben sehn,
Du sollst Hoffnung haben, Heimat sein
Für die Liebe und Geborgenheit.

Denn die Zehnmilliarden Augen woll'n dich immer leben sehn,
Du sollst Hoffnung haben, Heimat sein
Für die Liebe und Geborgenheit.

Anmerkung:
Offenbarung 3:5; 20:15; 21:27

205. Auf Leben und Tod

Das ganze rastlos' Leben
Ist Weben und ist Streben
Ist Haschen nach dem Wind
Denn wenn alles schwind',
Durch Finger rinnt
Der Webstuhl spinnt
Am Ende kommt die Not
Die jedem Menschen droht
Doch Jesus hat gesiegt
Der Tod, der unterliegt
Und werden wir vergehen
Wie Jesus auferstehen

Erkennst du diesen Sinn
Ist Leben ein Gewinn
So mache dich bereit
Denn es kommt die Zeit
Dass du vor IHM stehst
Du bleibst oder gehst
Für alle Ewigkeit
So mache dich bereit

Anmerkung:
Offenbarung 20:11-15

206. Psalm 91

Drohst du in der Hitze zu ermatten?
Komm unter dem Schirm in den Schatten
Und sprich zu Gott:
Du bist meine Burg, meine Feste
Bin geborgen wie ein Vöglein im Neste
Auf dass ich in keine Schlinge trete
Mir Schutz vor dem Bösen erbete
Mit deinen Flügeln wirst du mich decken
Unter deinen Fittichen verstecken
Vor den Schrecken der Nacht
Weiß ich, du bist auf Wacht
Fliegen auch Pfeile am Tage
Weiß ich, du bist Herr der Lage
Schleicht im Finstern die Pest
Die Seuche erreicht nicht mein Nest
Fallen auch tausend in den Nächten
Und zehntausend zu meiner Rechten
Mit meinen Augen werde ich sehen
Wie die Gottlosen vergehen
Ich spreche zu Gott:
Du bist meine Zuversicht
Ich komm nicht in dein Gericht
Kein Unglück stößt mir zu
Ich bleib in deiner Ruh
Du wirst den Engeln befehlen
Dass sie die anvertrauten Seelen
Auf Händen sie tragen
Zu schützen vor Plagen
Zu stehen auf Löwenrücken
Und Schlangen zerdrücken

»Weil du dich an mich hältst
Sorge ich, dass du nicht fällst
Weil du für mich brennst
Und meinen Namen kennst
Rufst du mich an
So erhör ich dich dann

Ich will dich erretten
Lösen all deine Ketten
Deine Tage verlängern
Dich schützen vor Fängern
Vor dem fliegenden Pfeil
Dich schauen lassen mein Heil«

207. Ground Zero goes pandemic

Erst fliegen sie ins
Welthandelszentrum
Dann legen Viren
Die Wirtschaften lahm
Der Feind ist unbestimmter
Und unsichtbarer denn je
Und wird sicher weiter-
Mutieren

208. Das Spiel ist aus

Gehe nicht über Los - ziehe nicht 4000 Euro ein.
Schau doch die Straßen an, die du hast. Du hast die Yorckstraße von früher, dann noch fast frisch die Dresdner Straße und dazwischen den Zeißigwald - ein zusammenhängendes Gebiet. Auf den beiden Straßen stehen Häuser, das eine Hotel auf der Dresdner ist kaum der Rede wert. Natürlich gehören dir die Objekte nicht, müssen sie auch nicht, wenn man nur darin wohnen will. Der Zeißigwald sollte so erhalten bleiben, ohne ihn für weitere Häuser zu roden. Außerdem befinden sich in der Gegend die Humboldt-Schule, das Fußballstation und die Psychiatrie, auch irgendwie zusammenhängende Einrichtungen - sie bedienen die gleiche Klientel, nur nicht gleichzeitig. Aber Lernen kann man in allen dreien, Fußballspielen auch und eine Therapie könnten sie auch alle anbieten. Zum Beispiel die Schule. Die diente im Ausnahmefall wie dem gegenwärtigen als Wahllokal für das versteinerte Demokratiegeschäft. Sinnvoller wäre doch, dass der Normalfall darin Einzug hält. Alle Bewohner der Straßen könnten sich darin einfinden, um ihre täglichen Dinge zu organisieren. Das Stadion könnte man für Auftritte für die ganze Stadt nutzen. Konzerte, Theaterspiele, Kino, ja auch Fußballspielen unter einem freien Himmel. Für die Psychiatrie würde es bald keine Verwendung mehr geben. Man könnte sie zu einem Stadtteiltreff umwidmen, auch um wieder alles zu planen und zu organisieren.

Also, auch wenn du keine Knete vom Staat, der Bank, kassierst, gehe nicht in das Gefängnis zurück, in das Hamsterrad mit seinen Hamsterkäufen. Du hast eine Freikarte. Spiele sie aus.

Anmerkung:
Laut Gottes Wort wird die Welt weiter ihre Runden auf dem Spielbrett drehen. Und für solche, die nicht mehr mitspielen wollen, wartet der Knast. Aber es gibt Schlimmeres.

209. Walking Dead

Ein Leichnam beherrscht diese Welt
Der tote Leib der Arbeit
Der Verwesungsgestank, der sich einstellt
Erstickt nun alle Wahrheit

Vereinsmitglieder und Genossen
Gewerkschafter mit ihren Bossen
Christsoziale Apologeten
Helfen mit gesundzubeten
Auf dass nochmal Leben in ihn komme
Sind der Wünsche viele fromme
Doch Einigkeit, die macht ja stark
Zusammenhalt, der ganze Quark

Beatmen und auch animieren
Belebung auch mal simulieren
Seht Ihr den Toten auferstehen
Und eine weitre Runde gehen
Seht nur wie das stinkt und siecht
Wie das modert, wie das riecht
Kaum noch Fleisch auf den Knochen
Kommt das wankend angekrochen
Faulend geht das ins Verderben
Und bringt die ganze Welt ins Sterben

Und wer sich davon nicht befreit
Die neue Welt macht sich bereit
Der scheitert an dem Übergang
Denn Arbeit war sein Leben dann

210. Jesus lebt

Scheinbar eine Niederlage
Für 3 Nächte, für 3 Tage
Liegt der HERR in seinem Grabe

Doch der Tod hat keine Macht
Und vor Beginn der 4. Nacht
Ist ER wieder auferwacht

Lebt ER jetzt für alle Zeit
Jesus, HERR der Ewigkeit

211. Todesannonce(n)

```
   |      Was einst war, ist nun gewesen
---+---   So kannst du die Annonce lesen
   |      Die diesen Tod bekundet
   |      Schwarz auf Weiß umrundet
   |      Sind viele, die da Zeugnis geben
   |      Du musst sterben, um zu leben
```

212. Ich muss mal (revolutionieren)

Kommt die Revolution in Gange
Und sind Kämpfe in vollem Schwange
Dann, lieber Deutscher, tu nicht türmen
Doch willst du schon den Bahnhof stürmen
Renn nicht gleich los, sondern warte
Und löse zuvor eine Bahnsteigkarte
Und nahen sich dir paar Verwandte
Halte Abstand (von der Bahnsteigkante)
Fährt der Zug dann endlich ein
Fahrplanmäßig könnte sein
Dann öffne die Tür erst, wenn er steht
Als ob das niemals anders geht
So falle in den Wagen ein
Vor allem musst du Erster sein
Denn auf der Reise nach Nirgendwo
Gibt es immer auch ein Klo
Doch kommt man dann zu spät, zuletzt
Ist es immer schon besetzt
Doch auch das Klo, das hat System
Mach es dir nicht zu bequem
Und hast du dein Geschäft erledigt
Und die Klappe auch betätigt
Muss die Revolution weitergehen
Weil da schon hundert andere stehen

Anmerkung:
"Wenn diese Deutschen einen Bahnhof stürmen wollen, kaufen die sich erst eine Bahnsteigkarte!"
(Lenin zugeschrieben)

213. Ein neues Ged-ich-t

Ein neues Gedicht
schied sich
für dich.
Ich war ein blindes Wesen.

Ein neues Gesicht
wollte dich
für sich.
So konntest Du mich lesen.

Anmerkung:
Schlussvers zu → **Ein neues Ges-ich-t** vom Juli 2004

214. Psalm 146

Hallelujah!
Lobe den HERRN, meine Seele
Lobe ihn aus vollster Kehle
Solange ich lebe
Und meine Stimme erhebe
Werde ich ihm singen
Ein Ständchen ihm bringen

Verlasse dich nicht auf Fürsten
Die auf Menschenweise dürsten
Sie können nicht retten
Mit ihren Banketten
Wo man einst speist
Fährt mal aus jeder Geist
Und aus all ihren Plänen
Bleibt nichts außer Spänen

Doch ist man für den offen
Auf den Jakob tat hoffen
Der die Erde schön machte
Was darauf war erdachte
Himmel, Meer macht wie neu
Unser Gott blieb stets treu
Er spricht dem Armen das Recht
Speist den hungrigen Knecht
Der die Gefangenen befreit
Heilt die Blinden vom Leid
Er richtet den Elenden auf
Hilft den Gerechten zuhauf
Tut den Fremdling behüten
Witwen und Waisen vergüten
Aber der Gottlosen Wege
Verkehrt dann der Ew'ge
Der herrscht für alle Zeit
Hallelujah!
Seien wir bereit.

215. Verbildung

Du sollst dir doch kein Bildnis machen
Von Gott, von Mensch und all den Sachen
So tu für IHN Partei ergreifen
Und all deine Denkmäler schleifen
Die stehen in Kirchen und auf Straßen
Von ganz klein bis über alle Maßen
Reiß sie nieder, schmelz sei ein
Ob aus Bronze, Beton oder Stein
Und denk daran, es ist keine Kunst
Davon hat man meist kein' Dunst
Denn Kultur kommt doch nur von Kult
Und damit erhöht sich deine Schuld

Anbetung braucht kein' Gegenstand
Den Menschen Sinn und Hand erfand

Anmerkung:
2. Mose 20:4, 5. Mose 4:15-31; 5:8

216. Hand-Schellen-Rap

Zweite Welle
Auf der Stelle
Auf die Schnelle
Für den Fall der Be-Fälle
Bakterielle
Bilanzielle
Konjunkturelle
Eine Delle
Qual der Quelle
Und Appelle
Für die Massen
Aller Klassen
Und die Rassen
Die wir hassen
Auf den Trassen
Soll'n es lassen
Nicht zu fassen
Sonst verpassen
Wir ihnen eine

Nachwort

Und da wären wir. Sind wir am Endziel angekommen? Ist die Reise zu Ende? Wohl nicht. Wir befinden uns immer noch unterwegs nach Jerusalem. Da ich die Schlussworte schreibe, befinden wir uns gesellschaftlich immer noch in der Corona-Krise. Steht uns eine zweite Welle, ein erneuter Ausbruch der Pandemie bevor? Wer weiß das schon? Gott weiß es. Die Erschütterungen des täglichen Lebens werden jedenfalls zunehmen. Ob die Welt noch einmal aus dem Krisenmodus herauskommt, wage ich zu bezweifeln. Die Bibel beschreibt uns in der Offenbarung des Johannes weitere Plagen, Kriege, Kriegsgerüchte, Hungersnöte, Seuchen, Erdbeben und andere große Zeichen an Sonne, Mond und Sternen, die kurz vor der Wiederkunft Jesu Christi eintreten werden. Wem das alles nicht ängstigt, der hat sein Leben seinem Erlöser anvertraut. Und deshalb habe ich meine Gedichte erst zu einem Gedichtband versammelt. Um dir, lieber Leser, die Gretchenfrage zu stellen: Nicht, wie hast du's mit der Religion? Sondern, wie hältst du es mit Jesus? Religionen gibt es nämlich viele, allesamt menschengemacht, durchsetzt mit heidnischen Bräuchen, die eher neben dem eigenen Leben herlaufen wie Hobbys. Meist wird so ein Kirchgängertum ausgeübt zu festgesetzten Zeiten, oder wenn mal wieder ein Ereignis, wie für die letzten Tage angekündigt, ein paar Menschenleben fordert. Die Schilder mit der Aufschrift „Warum?" zeigen dann nur die vollständige Begriffsstutzigkeit seiner Träger.
Nein, es geht darum, wie du zu Jesus stehst. Hat Jesus für dich nur eine historische Relevanz? War er nur ein besonders guter Mensch und weiter nichts? Wollte er nur eine neue Religion gründen? Oder ist er der ewige Sohn Gottes, der auch für dich das Kreuz erduldet hat? Genau der, der eine lebendige Beziehung zu dir haben will, 24x7 die Woche?
Ich möchte dich ermutigen, dich mit dem christlichen Glauben, nicht mit dem religiösen Christentum, zu beschäftigen. Die Bibel, das Wort Gottes, kann dir eine vollkommen neue Welt eröffnen. Sie wird auch deine Wurzeln und deine Zukunft erhellen. Woher kommen wir, wohin gehen wir, was ist der Sinn des Lebens? Die Zeit drängt, dass du dir diese wichtigen Fragen stellst. Es könnte schon bald vorbei damit sein, dass du in Ruhe und mit Muse die Heilige Schrift lesen kannst. Die Zeiten werden nicht einfacher, die Ausweglosigkeit und Alternativlosigkeit in der Politik und Wirtschaft werden zu schlimmen gesellschaftlichen Verwerfungen führen. Mag sein, dass es noch eine kurze Zeit des Friedens und der Sicherheit geben wird. Wahren Frieden und tiefe Geborgenheit kann dir nur unser himmlischer Vater und sein Sohn bieten.
Auf deiner ganz persönlichen Reise nach Jerusalem wünsche ich dir, dass du die Weichen in deinem Leben richtig stellst. Gottes Segen auf deinem Weg.

Dein Andreas
Juli 2020

Printed in Poland
by Amazon Fulfillment
Poland Sp. z o.o., Wrocław

61293168R00120